无冕之王

齐桓公与齐国崛起

张小泱 ◎ 著

浙江人民出版社

图书在版编目（CIP）数据

无冕之王：齐桓公与齐国崛起 / 张小泱著.

杭州：浙江人民出版社，2025．2． — ISBN 978-7-213

-11541-7

Ⅰ．K827=25

中国国家版本馆CIP数据核字第2024H6V604号

无冕之王：齐桓公与齐国崛起
WUMIANZHIWANG: QI HUANGONG YU QIGUO JUEQI

张小泱　著

出版发行：浙江人民出版社（杭州市环城北路 177 号　邮编　310006）

　　　　　市场部电话：（0571）85061682　85176516

责任编辑：方　程　李　楠　魏　力

营销编辑：陈芊茹

责任校对：马　玉

责任印务：幸天骄

封面设计：昇一设计

电脑制版：北京之江文化传媒有限公司

印　　刷：杭州丰源印刷有限公司

开　　本：710 毫米 × 1000 毫米　1/16　　　印　　张：14.25

字　　数：162 千字

版　　次：2025 年 2 月第 1 版　　　　　　　印　　次：2025 年 2 月第 1 次印刷

书　　号：ISBN 978-7-213-11541-7

定　　价：58.00 元

前　言

　　人类文明演进到公元前 8 世纪时，已是相当成熟了。这时候，古巴比伦王国灭亡了 800 年；新兴的罗马国家正在台伯河畔的小城邦里初露锋芒。而中国，则处在一个充满危机的时代。

　　公元前 11 世纪，周部族的首领姬发（即周武王）在牧野之战中打败殷商大军，并进入都城朝歌。殷商君主帝辛自焚，殷商灭亡，西周建立。

　　但风水轮流转。公元前 8 世纪时，西北方的游牧民族攻破周王朝的都城镐京，大肆烧杀，遂令镐京残破不堪。周王室无奈，只好迁都到东方的洛邑，此后史称东周。

　　东周的建立标志着一个时代的开始，这个时代被后人称作春秋。而春秋，便是我们所说的"充满危机的时代"。

　　那么问题来了，危机有几个，又都是针对谁的呢？

　　实际上，一共有三个危机，而且全部都是针对周王室的。

　　第一个危机是道德危机。

　　周朝建立之初，周天子控制的疆土极为广袤。周天子不仅掌握着当时最先进的文化——周文化，同时还拥有战斗力强劲、可驰骋四方的青铜战车部队。那时，没有任何一个诸侯国君可与之相比，可以说周天子是当时的绝对权威。慑于周天子的威势，诸侯不得不兢兢业业，履行着周天子为他们规定的义务。

这种井然有序的状态，一直持续到周幽王时期。

而一切的转折都来自周幽王身上发生的故事：烽火戏诸侯。

这是个简单却又耐人寻味的史实。话说，周幽王有个绝世美人褒姒。褒姒虽贵为王后，却整天闷闷不乐；而周幽王虽贵为天子，却是个情种，因此美人不爱笑这件事总让他怅然若失。为博美人芳心，周幽王卖力地尝试了各种方法使褒姒一笑。尝试到最后才发现，原来点燃烽火把诸侯耍得团团转的效果最佳。

烽火是古代常用的军事通信工具：它可夜间点火、白昼放烟。其目的是释放警戒信号，以通知诸侯勤王。但其使用也是有严格要求的，即只有在外敌入寇、王室危急时才可以点燃。可是，周幽王为了心爱的女人，不惜违反规矩，数次将烽火台上的烽火点燃。烽火一个接一个被点燃，收到信号的各国诸侯风尘仆仆地赶到镐京城下。但诸侯在镐京并未看到敌人，只看到他们的王后因为他们不知所措的窘态哈哈大笑。

周幽王这样做的最终结果是，"狼来了"的故事就此上演。

几年后祸事来了，野蛮好战的犬戎兵犯镐京。匆忙中，周幽王下令点燃烽火。然而，再没有诸侯前来勤王。随即镐京被攻破，西周宣告灭亡。

诸侯发现，所谓承天应命、至高无上的天子，其实也跟普通人一样，在道德上具有缺陷——天子竟然也有"缺德"的时候！换句话说，这就是道德危机。不过它仅仅是第一个危机。

第二个危机是名分危机。

周幽王的继任者周平王在继位后迁都洛邑，此后史称东周。然而，这位绵延国祚的中兴之主，却被天下人视为弑君杀父的凶手。

周平王名宜臼，是周幽王长子，也是太子。但周幽王因宠爱褒姒而废宜臼，改立褒姒之子伯服，因此父子关系变得十分微妙。

众所周知，犬戎之所以能长驱直入攻破镐京，是得到了申侯帮助。

申侯不仅是周王朝的诸侯申国的国君，同时也是周幽王的岳父、周平王的外公。可正是这样一个有如此显赫地位的人，带着犬戎攻破了镐京，甚至还杀死了周幽王、褒姒和太子伯服。

那么，他的外孙——前太子宜臼——的幸存就显得十分耐人寻味了。

因此，周平王宜臼的即位完全不同于之前的历代周天子，他的上台背负着弑君杀父、夺位称王的重大嫌疑。

而且，周平王之所以能东迁洛邑，是仰仗了秦人的帮助。秦人是生活在中国西北地区的一支半农半牧部族，他们虽一心向中原靠拢，但一直被中原人斥为蛮夷。当宜臼从破败不堪的镐京赶往东都洛邑避难时，秦人发现这是个千载难逢的机会，便由部落首领亲自率族人为其开道。因护送有功，周平王竟不顾天下诸侯的反对，册封秦人为诸侯，秦由此立国。

中原诸侯见周王如此轻率地册封一支夷狄为诸侯，令自己有种"掉身价"的挫败感。他们心想，在这位周王眼中，是不是随便哪个阿猫阿狗都可以做诸侯？是不是随便哪个蛮夷都可以和我们这些王孙贵胄、世勋大族平起平坐？秦国得到周王朝的承认，意味着"贵族"的身份不再神秘、不再尊贵。大秦立国，天下的诸侯纷纷表示不满，他们对周王室的反对呼声也愈来愈强烈。

更何况，在这个讲究名分的时代，被夷狄拥立的周平王颇有些"名不正言不顺"。因此对诸侯而言，严重缺乏说服力，他们很难不对这位天子的正统性表示质疑。

此时，诸侯虽然开始对周天子不甚恭敬，但尚不敢公开叫板。然而，是动物就有好奇心，诸侯或许已经被好奇心驱使而动起这样的念头：老虎的屁股固然摸不得，可如果周天子只是个纸老虎呢？这就引出了周王室的第三个危机：实力危机。

诸侯中第一个摸老虎屁股的是郑庄公。此前，西周宣王曾封其弟王子友于郑地（今陕西渭南华州区东），赐国号郑。王子友即郑国开国君主郑桓公。郑桓公在位时，郑国曾与周王室有过一段短暂的蜜月期。当时，郑桓公长期担任周王室的司徒。当犬戎攻破镐京时，郑桓公甚至为了护送周幽王逃跑，不幸与周幽王一同遇害。

郑庄公是郑桓公的孙子。他虽身为周王室的宗亲却不念情面。而他向周天子挑衅的方式也简单而粗暴：抢粮食。《史记》称之为"侵天子之田"。郑庄公不止一次派郑国军队去周王畿（周王室直辖领地）境内强行收割粮食。

当时周平王已死，继任者是他的孙子周桓王。周桓王见郑国如此目无君王，遂亲率王师，联合陈、蔡等国一同攻打郑国。结果王师竟然被郑国人打得惨败，周桓王本人还被射中肩膀。一时天子颜面尽失。

按照周朝最初的设定，周天子是天下之君长。在这里，"君长"是个包含了双重概念（政治和血缘）的词语。它的意思是，周天子既是领导，也是家长，其主要职责是"督责"和"仲裁"：要告诫孩子们紧密团结，如果外敌入侵就要共同抗敌；要是哪天自家人打起来了，就需出面调停，犯错误的必须惩罚，有功劳的则给予鼓励……而诸侯们总能心悦诚服。

但诸侯心悦诚服的前提是：周天子必须道德高尚、实力强大、值得信赖、值得托付。说得简单点，就是周天子要像周武王、周成王那样堪为表率，并且周王室的战车还能征伐四方。

显然，周王室的所作所为让诸侯越来越失望。

但失望之中，更多的则是窃喜！

夷狄内侵，周天子败了；诸侯挑衅，周天子也败了。身为天下共主，竟然被边地夷狄和一介诸侯欺负成这样子？那还有什么是不可以做的呢？

诸侯个个磨刀霍霍，蠢蠢欲动。

随着春秋时代的来临，诸侯也步入了自己的"春天"，因为他们终于可以肆无忌惮地去征战、兼并土地、扩充人口……但事实并非如此乐观，因为诸侯也有诸侯的危机。

让诸侯陷入危机的是中原人所称的"四夷"，即：北狄、南蛮、西戎和东夷。他们大都属于游牧、渔猎民族，生活环境和文化习俗跟中原民族大相径庭。

与大多数人印象中的情形不同，这些游牧民族并非全都生活在华夏世界的边缘地带。实际上他们中的很多部落早已融入中原，在中原腹地的犄角旮旯、在各诸侯国的边境缝隙之间犬牙交错，因为这里也有适合他们生存的肥美水草和茂密山林。这些游牧民族很清楚，与善于耕种却不善于长途作战的农夫做邻居是件多么惬意的事——抢夺要比创造简单多了。

这次长达数百年的游牧民族的入侵使华夏世界疲于应对，其面积之广、破坏之大、持续时间之久，超过之前任何一次关于蛮族入侵的记载，堪称空前浩劫。而中原华夏族群和周边游牧族群长达2500年的博弈，也就此拉开序幕。

此时，周天子德行败坏、威严丧失、实力孱弱；诸侯忙于兼并、彼此征战、各自为政，外战频仍，内战不休；而北狄、南蛮、西戎、东夷趁此机会大肆鲸吞蚕食中原土地……《春秋公羊传》的作者将这种情况形象地描述为："南夷与北狄交，中国不绝若线。"

由此可见，中原王朝，此时正命悬一线。

我为什么将本书的开篇放在公元前8世纪末？主要原因是一个人的诞生。

这个人出生时，并没有什么祥瑞征兆，史书也没有记载他的童年有何过人之处，而且他还是家族中庶出的幼子——在中国传统社会中，这种身份很难得到足够尊重。更为神奇的是，长辈们给他取的名字在今天看来颇有意味：小白。

但后来，他成为一国之君；再后来，他被天下诸侯推为霸主，并得到周天子的承认。

他身为周天子的封臣，却比周天子更受诸侯爱戴，而且还能赢得周王室的信任和赞誉；同为诸侯，他既会攻城略地、灭国绝嗣，也会助别国驱除外侮、重建国邦；身为一国之君，他知人善任，运筹帷幄，不出都城即能名动天下。

他也是中国历史上许多枭雄、英雄的偶像：刘备模仿他礼贤下士，于是有了"三顾茅庐"；曹操学习他尊王攘夷，于是有了"挟天子以令诸侯"；李靖学习他三军制齐之法，于是助唐建立300年基业。

正是他拯救了中原文明，同时也是他开启了一个东周时期大国争霸的时代。

他叫吕小白，他是齐桓公，他是春秋时代最当之无愧的霸主。

目 录 Contents

第五章 霸主的湮没：一个时代的结束

第一章 黑色时代与白色君主

1　小白与纠的继承权之战

齐桓公小白首次出现在史书中，是因为一场逃亡，这真是很有意思的一幕。

生活作风败坏、政令朝令夕改、言行不一、刻薄寡恩、劳民伤财、穷兵黩武——这是齐襄公留给臣民的最深刻印象。正因为如此，上至宗室亲贵，下及门童小吏，都对这个昏君、暴君充满怨恨，国人的不满之声甚嚣尘上。

公孙无知和连称的叛乱发生之前，公子小白的家臣兼老师鲍叔牙曾不无忧虑地对公子小白说："国君对待臣民态度轻慢，久之国人心生不满，恐怕会发生动乱，公子应及早出国避难才是！"

公子小白对鲍叔牙言听计从，因此他马上跟着师父鲍叔牙逃到莒国。莒国是嬴姓诸侯，位于齐国东南、鲁国以东。

与公子小白相比，他的二哥公子纠似乎胆子肥了许多：一直等叛乱发生后，他才和家臣管仲、召忽离开齐国，投奔了他母亲的母邦鲁国。

这里出现的鲍叔牙和管仲，在中国历史上知名度相当高。而且，形容友谊深厚的"管鲍之交"一词的词源，就是这两位先生。

鲍叔牙，名叔，字牙，史书习惯称其为"鲍叔牙"，齐国颍上

（今安徽颍上县）人。其家族曾是齐国大族。传到了鲍叔牙这一代，仍享有贵族的荣耀，可见鲍叔牙家的经济条件相当不错。

管仲，名夷吾，字仲，鲍叔牙同乡。按照家族谱牒记载，管仲的血统可以一直追溯到那位曾和西王母相聚的周穆王身上，也就是说他的祖先也是齐国贵族。但到了他这一代，管氏家族已经没落到相当清贫了。

鲍叔牙和管仲相识后，曾一道经商许多年。为人所熟知的是，管仲从这时起名声就不太好，总喜欢贪小便宜。比如与鲍叔牙一起经商分配利润时，他总要毫不客气地多取许多。这种不太体面的举动，令许多人不齿。有时，一些人会站出来指责管仲。鲍叔牙往往极力为管仲开脱："他家有老母在堂，若不是为钱犯难，他也不会这样做，可以理解呀！"而每当生意赔钱时，鲍叔牙也会一力承担损失，即便是管仲犯下的错误，他也总是为管仲遮掩。

后来，可能是管仲发现自己确实不是经商的材料，便弃商从军，成为一名光荣的士兵。然而，每到冲锋陷阵之时，管仲总是做逃兵，因此再次受到人们的嘲笑。需要清楚的是，千军万马之中，偶尔逃跑一两次是很难引起人们注意的，而这位"管跑跑"不但引起了其他人注意，还被载入中国史册，足见其逃跑次数之多。当人们将这些"光荣事迹"告诉鲍叔牙时，鲍叔牙却又是淡淡一笑："只因放不下家中老母，所以他才爱惜自己的生命。我知道管仲并不是贪生怕死之辈！"

后来，鲍叔牙和管仲来到临淄城，投到齐国公族门下，分别成为公子小白和公子纠的家臣兼老师。

在今天，这种友爱关系虽说有些太过分，但我们绝对不能对鲍叔牙的真诚妄加非议。因为在今天看来不可思议的事，在当时反而是某种常态。而且不难看出，鲍叔牙拥有春秋时期的贵族风范：从容、大度、真诚。

既然这里由鲍叔牙和管仲的出身而说到了"贵族"，那么就有必要对周朝的"封建制度"做个简短的介绍。因为中国贵族的诞生和这个制度息息相关，而对"贵族"的解读，也是了解春秋必不可少的一点。

发源于今陕西境内的周部族是一个姬姓部族，据传是黄帝部落的后裔。其始祖为后稷，后稷名"弃"，因擅长种植五谷而被帝尧任命为农师，也就是掌管农业的官长。可以想见，后稷氏族曾为中国农耕做出过重要贡献。后稷的后人原本居住在戎狄之间，后来因饱受欺凌而被迫南迁，最终迁徙到周原地区（位于今陕西省宝鸡市岐山县），改族号为"周"。

当公亶父成为周部族的首领时，周人的实力已经相当强大。因此也引起了当时宗主国殷商的注意。当时，公亶父众子之中，幼子季历最为贤德，因此公亶父想将他立为继承人。于是，他的长子太伯、次子仲雍便"识趣"地离开了周原，辗转至今江苏无锡一带定居下来，而后逐渐与当地土著相融合，跟着他们断发文身，并自号"勾吴"。

而后，周部族经过数代人的励精图治，最终在各部族、方国间获得了崇高的威望，又借此威望号召天下众多族群，灭掉了国祚数百年的殷商。就这样，周武王成为天下共主，拥有了（名义上）全天下的统治权，获得了空前的广袤领土。正所谓：普天之下莫非王土，率土之滨莫非王臣。

但是，周武王及其家族必须面对的现实问题是：在生产力低下、信息传递速度缓慢的西周初年，他们并没有能力治理好这片广袤的土地，更无法对其他尚未归附的部落、方国进行彻底征服。最后的结果未免重蹈殷商覆辙。因此，他们必须想出一个行之有效的办法。

一种制度自然而然地应运而生——封土建国。

封土建国，也是"封建"一词的来源。

这种制度的具体做法是：周天子先划定一块最大且最富庶的土地留给自己，称为"王畿"，然后再把其他土地一块一块地"承包"出去，将天下分成若干份。而能得到承包权的人，一般都是周天子的亲属、开国功臣及前朝遗民。

那么，怎么来确定这些"承包"土地的大小和范围呢？首先需要明确划出疆界，最初的具体做法是在不同地域之间挖开一道沟壕，挖出来的土被堆在沟壕两边，并在上面种树，这个过程称为"封"；然后，由周天子指定一位统治者，称为"建"。而这些被划分好的土地被称为"国"，其统治者称"诸侯"。

然后，诸侯将土地再以这种方式分封给自己的亲属和臣子，这些土地被称为"采邑"，又称"家"，其所有者称"大夫"。

大夫的采邑面积不大，一般情况下如果不再进行分封，他的亲属和家臣就无法获得土地。不过，虽没有不动产，他们却因家世显赫而拥有学习各种才艺（读书、习武）的权利和机会，这些人被称为"士"。

而士的儿子连学习才艺的条件都难以拥有，只能成为基层劳动者，这些就是"平民"，又称"百姓"或"庶人"，他们的数量最为庞大。

周天子及其家族称为"王室"，诸侯、大夫和士则被称为"贵族"，贵族有爵位，分为公、侯、伯、子、男五等。其中，王位和爵位由嫡长子继承，其他的儿子则要递减一个等级。比如，周武王死后，嫡长子周成王继承王位，次子唐叔虞就成为诸侯；唐叔虞死后，长子晋侯燮继承君位，其他儿子就成为大夫。这一时期，王室和贵族数量虽少，却是毋庸置疑的统治者。

在这种制度下，一个人之所以是贵族，是因为他的父亲、祖父、曾祖父、高祖父是贵族；一个人若不是贵族，那么他也很难通过其他方式跻身贵族之列。简单说，天子肯定是天子的儿子，诸侯肯定是诸侯的儿子，大夫肯定是大夫的儿子，而平民的儿子永远是平民。

在此制度下，统治者就会要求"晨鸡夜犬"各司其职。天子做天子的事，平民做平民的事。每个阶层的人都应安分守己，不能有丝毫僭越。这便是后世的孔子所推崇的理想社会状态：等级森严又秩序井然。

根据上面这些文字不难看出，鲍叔牙仍属于"士"的行列，而管仲早已几乎落魄为"平民"——至少在经济实力上如此。

事实上，即便士作为贵族也只和平民一线之隔。飞黄腾达的士，很容易被人尊为贵族；而落魄的士，则很容易被人视为平民。

贵族和平民之间的区别，不仅在于经济实力的差别，也会由两个阶层的地位不同导致阅历不同，从而产生价值观的不同，最终让他们在处理问题的方式上出现不同。

可以肯定的是，管仲和鲍叔牙对齐国政坛的洞察力不相上下。但鲍叔牙选择事出前避难，而管仲直到政变发生才带着公子纠逃奔鲁国，这就很好地证明了两个人的见识不同。鲍叔牙的思维带有"贵族模式"：万事小心为上，不冒风险；因为我有的是资本，没必要拿资本去冒险。而没有过多资本的管仲，在潜意识中有一种"赌一把"

的思想；他的想法是：我不能这么早就离开齐国，万一发生变故，我便可以立刻寻找时机将公子纠扶上君位。虽然有风险，但必须冒这个险！

后来的事实表明，管仲的这次风险投资失败了。极有可能的情况是，当时公孙无知和连称兄妹已经控制了齐国公宫①。而且事出突然，其他齐国贵族也全都措手不及，只能任由三人胡来，从而导致管仲无法协助公子纠靠近国君宝座。

但万幸的是，管仲和公子纠最终平安无恙地逃离了齐国，并得到了具有双重亲缘关系的鲁庄公庇护。

公孙无知政变成功后，齐国朝堂随即成为两方势力共同关注的目标：一方是公子纠及其支持者鲁国；一方是公子小白及其支持者莒国和卫国（舅氏）。鲁国希望通过支持公子纠而在齐国获得话语权，莒国也希望通过扶持公子小白而获得更多利益。双方清楚的是，从齐襄公被杀的那一刻起，公子小白和公子纠这兄弟俩就成了敌人——不是你死，就是我亡，绝无妥协的可能。

之后的日子里，公子小白和公子纠分别在莒、鲁两国一直深居简出，没有任何史料表明他们对公孙无知当政期间的齐国内政进行过干预。这不是他们与世无争，而是因为他们都很清楚一点：公孙无知不会在国君的位子上坐太久。

公子纠和公子小白也都深知：与公孙无知相比，他们才是"合法"的继承人。

那么，有一个问题就必须弄清楚：什么才是"合法"呢？

---

① 公宫指春秋时诸侯的官殿。——编者注

这就要说到中国古代的继承制，即明确接班人的制度。

中国古代的继承制度基本可以分为两种：父死子继和兄终弟及。

殷商的继承制兼具以上两种，既有父死子继也有兄终弟及：爸爸死了，儿子继承王位；或是哥哥死了，弟弟继承王位。但这种看似人性化的处理方式，其实充斥着种种危机。比如，哥哥死了，弟弟继承了王位。而当这位弟弟死后，哥哥的儿子已长大成人，势必就会要求夺回属于自己的继承权；可弟弟的儿子必然也会有同样的要求。于是，堂兄弟之间便会因为继承权而反目成仇。在殷商历史上，就曾出现过"九世之乱"，即五代九世争王位事件。而商王族在周朝的后裔宋国，也发生过一场长达百余年的"五世之乱"，起因就是宋国第五代君主宋湣公，他将弟弟宋炀公选为继承人，结果导致他们的数代子孙为夺位而杀戮无休。

与商人相比，周人就高明了许多。周人不但明确只有自己的儿子才有继承权，还进一步明确了哪一个儿子有继承权。周人认为，只有嫡长子——正妻所生的第一个儿子——才是父亲血统和事业的延续者，因而拥有神圣不可侵犯的继承权，此即嫡长子继承制。

这种制度的优点显而易见：嫡长子生来就是储君，庶子、次子有非分之想也没用。换句话说就是：因为明确，所以稳定。因此，在周人眼中，由嫡长子继承君位就是合乎法理，反之则违背纲常。

如果出现一种特殊情况，即嫡长子先于父亲死去，那该作何处理呢？

周人的做法很简单：嫡长子死了，就由嫡长子的嫡长子，即嫡长孙来做继承人。

如果再出现一种情况，即死去的嫡长子没有子嗣，那又该如何处理？

周人的处理方案是：让嫡长子最年长的弟弟来代替死去的哥哥。比如，周武王就是次子，他的哥哥姬考[①]早死，且没有子嗣，周武王便顺理成章成了继承人。——注意，这种情况是一般意义上的"哥哥死了弟弟上"，而非继承制度的"兄终弟及"。

而在齐国，齐襄公被杀，又没有子嗣，那么优先拥有继承权的便是齐襄公的二弟公子纠，这一点大家心知肚明。

但显然，从齐襄公的三弟公子小白的行动来看，他并没有将二哥公子纠的继承权看得神圣不可侵犯。从一开始，他就希望与哥哥进行一场君位争夺战。

身为幼子，公子小白这种向传统挑战的胆量从何而来呢？

答案很简单：有恃无恐。

在《史记·楚世家》中，晋国大夫叔向在总结齐桓公得国时曾这样说："齐桓，卫姬之子也，有宠于釐公[②]。有鲍叔牙、宾须无、隰朋以为辅，有莒、卫以为外主，有高、国以为内主。从善如流，施惠不倦。有国，不亦宜乎？"

在这里，说了三点，即善辅、外援与内应。

鲍叔牙自不必多说，他是公子小白的老师和最重要的谋臣。而宾须无和隰朋二人，一个公正严明，善于理讼决狱；一个知书识礼，善于待人接物，都是极为难得的人才。这就是善辅。

由于公子小白的生母是卫国公女，那么卫国就是他的舅氏之国，

---

① 姬考即伯邑考。姬姓，名考，"伯"是其排行，"邑"是表明其世子身份。——编者注

② 即齐僖公。

而莒国贵族又素来与公子小白交好。所以，卫国和莒国都是他的坚定支持者。这是外援。

姜太公六世孙齐文公有个儿子封在高邑，世袭"高子"爵位，以地为名，被称为公子高。公子高嫡长孙名吕傒，齐桓公即位后，赐吕傒"以王父（祖父）字为氏"，即以祖父的字作为自己的氏，改为高氏，史书称高傒。公子小白自少年时代就和高傒关系密切，二人是坚定不移的伙伴；而且，高傒和国氏（也是齐国公族后裔）关系极好，高、国两族同气连枝，是牢不可破的同盟。因此，国氏家族也成为公子小白的支持者。这是内应。

有了这些有利条件，公子小白自然有恃无恐。

当然，在齐国，除了高、国两家之外，还有许多大宗族也都有自己的政治规划。他们或者支持公子小白，或者支持公子纠，而且还有相当一部分人立场并不坚定……所以说，公子纠也并非处于孤立无援的境地。

有一点可以肯定，弑君即位的公孙无知从一上台就不怎么受欢迎，好像除了连称及其党羽，没有任何政治势力对公孙无知表现出拥戴的热情。其实，因为事出突然，公孙无知的政变给齐国人一个措手不及，所以他才能在短时间内稳坐朝堂。当齐国人缓过神之后，他的处境就十分危险了。

即位两个月后，公孙无知忘记了自己曾苛待雍林人的事情，当他到雍林游玩，身处险境却丝毫没有防备。雍林人对这位作威作福的弑君篡位者充满厌恶，满腹仇恨，遂趁公孙无知身边的武士不备，忽然袭击，将其杀害。

事后，雍林人派代表上报齐国诸大夫："公孙无知身为庶出旁支，却杀襄公自立为国君，我们实在看不过去，便为国家除去这一大害！只愿诸位大夫改立一位正正经经的公子为国君，唯其如此，我们才唯命是从！"

贵族们立刻将目光聚焦到了公子纠和公子小白的身上。

当下的情形是：国君的位子空着，只要谁先坐上去，谁就是齐国国君。

这时，在齐国身居高位的高氏、国氏的作用很快就凸显出来。古代没有电话和网络，通信不便，而第一时间获得信息往往具有决定性意义。当公孙无知的尸体还没凉透时，高氏和国氏派出的信使就已快马加鞭，奔赴在去往莒国的路上了。这也向世人宣告了一个新时代的来临。

后世的孔子称春秋为礼崩乐坏的时代。那么，我们可以将高傒对公子小白的支持看作"礼崩乐坏"的具体表现，是悍然向传统周礼宣战的举动。此后，像他这样将政治利益凌驾于道德传统之上的贵族还有许多。

很快，公子小白就得到了消息，便立即奔赴齐国都城临淄。

几乎同时，身在鲁国的公子纠也得到了消息。没错，这也验证上面的说法，齐国贵族中，也有人像高氏支持公子小白那样支持着公子纠。作为亲戚和外援，鲁庄公立刻命鲁国军队随公子纠一同奔赴临淄。和公子小白的党羽一样，公子纠的党羽也决心将齐国国君之位拿下。

兄弟二人，各自在路上。

不过，公子纠身边的谋臣管仲动了一个心眼儿。他想：与其跟公子小白赛跑，倒不如来个永绝后患！于是，他带着三十辆兵车，埋伏在莒国通往齐国的必经之地，专等他们的政敌公子小白。草丛之中，管仲紧紧握着一把力道强劲的角弓。人们不知道的是，管仲虽然逢战必跑，却是个百发百中的神射手。

终于，公子小白的马车出现了。

随着那辆急匆匆的马车飞速靠近，管仲徐徐引弓，屏住呼吸，瞄准车上的公子小白就是一箭。

随即，公子小白发出一声凄厉的惨叫，一个翻身便跌落车下，地上立时腾起一片沙尘。奔赴君位的随行车队立即陷入可怕的混乱。

管仲见公子小白中箭落车，便放了心。他相信这一箭已经命中要害，能要了任何人的命。于是他掉转车头，快速离开。

惊魂未定的鲍叔牙慌慌张张地跳下车，将公子小白扶起。然而，公子小白的眼睛却睁得大大的——这不是死不瞑目，原来管仲那一箭刚好射中了公子小白身上的带钩。带钩是腰带上的装饰性挂钩，且多为铜质地。

鲍叔牙看着寒光闪闪的箭镞，脊背渗出一层冷汗——管仲这一箭虽没有伤到公子小白，但也已射进带钩，足见其下手之狠！

公子小白长吁了一口气，颇为得意地说："管仲箭术高超，我怕他会再补上一箭，只好假装中箭身亡喽！"

公子小白的机智和能拿个奥斯卡小金人的演技让他免遭一死。这也意味着，只要他没死，就一定要有人死在他的手里。

管仲将公子小白"中箭身亡"的消息带给公子纠后，公子纠可能会有一丝忧伤，更多的则是兴奋。对手已死，如今可以高枕无忧了。于是，他放慢了行军速度，甚至还在途中和鲁国人大摆庆功宴。

而此时，公子小白还在马不停蹄地向临淄城赶去。

2　　一个不计前嫌的君主

当公子纠和管仲带着鲁国军队来到临淄城下。公子纠和管仲见城门紧闭，便趾高气扬地勒令守将开门，让他们迎立新君即位。

但城墙上传来了这样一个答复：大齐国君已立，是为公子小白。

公子纠和管仲一听，以为城墙上的人在说胡话，便反复声明小白已为我方所杀。城门守军则将公子小白机智躲过暗害的逸事讲了一遍，公子纠和管仲遂陷入惊骇之中。而一旁的鲁国人既已走上扶持公子纠的道路，就不得不坚持下去。只见鲁庄公拍拍胸膛，信誓旦旦地向公子纠保证道："公子放心！寡人一定为公子夺回君位！"

随后，鲁国战车源源不断地开进齐国。

此时的齐国国君小白年轻气盛，血气方刚。一心要报那一箭之仇，因此当即征发齐国大军，迎战鲁国。不久，齐、鲁两国便在干时（今山东淄博市桓台县）开战。很快，意气风发的齐国军队就占据上风，鲁师败走。齐桓公誓不罢休，痛打落水狗，令齐军截住鲁军退路，将鲁庄公围困在齐国边境。

齐桓公见初战告捷，自信心爆棚，便让鲍叔牙给鲁庄公写信。信中扬言道："公子纠为我兄弟，寡人不忍手刃，烦请鲁侯代劳！管仲、召忽乃乱臣贼子，速速交予寡人，寡人也好将其剁为肉泥！若是不从，齐国大军必长驱直入，直捣鲁国国都！"

鲁庄公已见识了齐国的军力，而且公子小白的君位已经坐稳，自己没必要再为公子纠抛头颅洒热血。无奈中，敬上一杯送行酒，挥泪将公子斩了。

公子纠的家臣召忽是个重视名节的忠勇之士，见主君公子纠被杀，遂有自杀之心。召忽对管仲说："若是我死了，那么主公可说是有以死事之的忠臣了；你若活下去，并使齐国强盛，那主公可说是有以生事之的忠臣了！死者完成德行，生者完成功名，你我二人当一死一生，各尽其分！愿君好自为之吧！"说罢，引颈自杀，成全了自己的名节。

而管仲这位幸存者，则被鲁庄公装进囚车，送往齐国临淄，奔赴未知的命运。

说起来管仲那一箭，一直让齐桓公心有余悸，他做梦都想用乱刀砍死这个仇人。在古典小说《东周列国志》一书中，作者冯梦龙这样描述了齐桓公对管仲的仇恨：命人绘制出管仲的画像，然后拿着弓箭"嗖嗖"射个不停……我不敢确定梦龙先生对齐桓公是否心存不敬。但这种刻画人物性格的方式绝对是生动、立体、丰满，凸显了一位君主的个性。

齐桓公并非生来就是圣人。这位君主的身上，有优点也有缺点，更有着跟普通人一样的喜怒哀乐。

齐桓公给鲁庄公的信杀气腾腾，声称要将管仲剁成肉泥，恐怕这就是他的真实想法。而且，性格急躁的他估计早就让人准备了锃光瓦亮的刀斧，只等那个该死的管仲引颈就戮了。

与齐桓公不同的是，他的谋臣鲍叔牙，却一心要保管仲。

鲍叔牙在历史上的名声非常不错，忠厚、正直、豁达、疾恶如仇，这种性格容易让世人对他产生亲近感。然而在我看来，鲍叔牙作为"齐桓公争霸"这段历史的一个标签人物，其最耀眼的地方绝非于此。

管仲是一个有才华的人，但在春秋那个十分注重道德修为的时代，管仲的所作所为总显得有些格格不入。对比来看，在道德修为上少有瑕疵的鲍叔牙并未像别人一样轻视管仲，反而一直力挺他、帮助他，甚至袒护他。二人的友情似乎已经到了某种境界。

是的，这就是"因为懂得，所以慈悲"。

鲍叔牙懂得管仲，懂得管仲不是贪生怕死，更不是贪图小利；懂得管仲是聪明人；懂得管仲也深知名节可贵，却不甘为无谓的"名节"枉送性命；懂得管仲内心深处的想法：为主君慷慨赴死是"小节"，建立丰功伟绩才是"大节"。名节和荣誉固然可贵，但这个世界更需要踏踏实实做事的人！

慧眼识珠，这是鲍叔牙最了不起的地方！

由此可见，被后世津津乐道的"管鲍之交"，在很大程度上是鲍叔牙一人默默付出的。从始至终，鲍叔牙都在为管仲拉赞助、搞宣传、做说客，这一点恐怕连管仲自己也很清楚。所以，日后他才会充满深情地说道："当年我与鲍子一同经商，常常多取钱财，鲍子不认为我贪婪而知我仅仅是因为家贫；后来我帮鲍子谋划事情，反而让鲍子处境艰难，鲍子不认为我愚钝而是时事不利；我曾多次为官又多次被逐，鲍子不认为我没有本事而是未逢明主；我曾数次做了逃兵，鲍子不认为我胆怯而知我牵念老母；公子纠兵败后，召忽死节，我被囚受困，鲍子不认为我无耻，而知我不屑小节。生我者父母，知我者鲍子也！"①

　　交友应如鲍叔牙。我想，如果将鲍叔牙的事迹放在交友都基于功利的今天，应该算是一股和煦的春风吧！

　　而且，鲍叔牙不但要保住管仲的性命，还要他留在齐桓公的身边，甚至要他建功立业、飞黄腾达！

　　这天，鲍叔牙拜见齐桓公，一见面就向他道贺。

　　齐桓公感到奇怪，称不知有何喜事可贺。

　　鲍叔牙说，鲁国人正送管仲来齐国，不日就到临淄。管仲可是天下难得的奇才，君上得到他，难道不是一件值得庆贺的事情吗？

　　齐桓公一听就恼怒起来，脑袋摇得拨浪鼓似的："管仲这厮曾箭射寡人，寡人恨不能将他剐骨剥肉！管仲必须杀！"

　　鲍叔牙说："管仲有匡世济民之资，而且当初那一箭射中君上带钩，也是因为忠于旧主公子纠。真是难得的既有才能又有忠心呀！君上又岂能对射中带钩之事耿耿于怀呢？"

　　很难说齐桓公会因为这句话就放弃了杀管仲之心。但毕竟鲍叔牙的发言分量极重，他总要给点面子，遂口头答应不杀管仲。可谁都知道，齐桓公此时不杀，不代表日后不能找个由头再杀。齐桓公爱惜人才，这一点从他年轻时对鲍叔牙的敬重就可以看出来；对于管仲的才名，他素有耳闻（估计多半是经鲍叔牙之口）。可是二者之间交集很少，所以管仲的才名对他来说不过是一些难以体会的"虚名"，并未真实体会。而一个人的才华就像爱情，是只有零距离接触之后才会令人怦然心动。所以，此时的齐桓公对管仲，除了恨，很难有其他任何

———————

　　①　译自《史记·管晏列传》。

一种形式的感情。

现在既已登上君位，一切尘埃落定，齐桓公有必要大行封赏，因为感念鲍叔牙的功劳，便提出要拜他担任国相。

然而，鲍叔牙果断拒绝了。

齐桓公十分诧异。

这时，鲍叔牙诚恳地请求齐桓公拜管仲为相。

齐桓公纳闷了："寡人要拜鲍卿为相，卿为何反要将国相之位让给管仲？"

鲍叔牙说："君上不知，与管仲相比我有五点自愧不如：仁慈宽厚，安抚百姓，我不如他；治理国家，抓住根本，我不如他；忠信邦交，团结诸侯，我不如他；制定礼仪，规范道德，我不如他；操练军事，提振士气，我更不如他！"

当齐桓公听了鲍叔牙这些话后，终于一边开始平息怒火，一边摘去有色眼镜来看待管仲。

而真正让齐桓公内心动摇的，则是鲍叔牙接下来的一段话："君上若是只想治理好齐国，臣和高傒足矣！然而，如果君上想要称霸于天下，则非管仲不可！管仲之大才，令他到了哪一国，哪一国便成强国，君上切不可失去他！"

其实，放过这个差一点杀了自己的人，已经十分难得，何况还要让他天天在自己跟前转来转去！齐桓公心中的矛盾不难想象。而且，他根本不清楚管仲到底是什么货色，因此依旧心存顾虑。不过，他还是采取了拖延战术说："拜他为国相的事，暂且缓一缓吧，我要找个机会试探一下他的学识和才能。"

鲍叔牙见齐桓公这样说，果断摇头道："君上还是对管仲那一箭耿耿于怀啊！非常之人，当以非常之礼待之。天下人若是知道君上礼贤下士、不计私怨，势必天下归心，会有更多人才前来投奔齐国！"

鲍叔牙和齐桓公之间的对话，可说是一次实实在在的贵族之间的谈话。鲍氏和吕氏都不是暴发户，而是有数百年文化传承的贵族。所以，鲍叔牙在劝说齐桓公的时候，没有"扩地千里"之类的说辞，而是以"天下归心"作为让齐桓公动心的缘由，这群贵族有某种区别于普通人的政治立场和道德觉悟。

而且，鲍叔牙不以土地为诱饵，也证明了春秋时代区别于后世（包括战国）的独有气质。春秋时代虽然整体上战乱频仍，但与后世相比，这个时代的战争在很大程度上还是凸显出中国贵族所独有的精神面貌。孟子说"春秋无义战"，可如果他生在秦汉之交、魏晋南北朝，那么这位"亚圣"恐怕还要深深怀念春秋时代了——因为春秋时代的"不义之战"，远比后世为君临天下而发动的战争"讲究"得多。春秋时代的战争大都不以扩展疆域为目的，甚至很多战争仍在如实地践行"有道伐无道"的政治纲领。比如有的国家违背传统任意废杀国君，有的诸侯因暴虐成性而苛待臣民，这两种情况都会被列入征讨的对象。读历史的人，应该具有某种宏观视野，破除二元对立固有知见，不应一见"有道伐无道"五个字，就以现代人的心性去揣度老祖宗的"险恶用心"，春秋人的节操之高洁远超现代人的想象。

在中华文明的源头，中国人对精神的追求胜过物质，所以，春秋时代有"士为知己者死""二桃杀三士" "赵氏孤儿"……它们都是已经浸染到中国人骨髓里的东西。对春秋时期的贵族来说，战争和土地都不是目的，这些老祖宗们更乐于享受"过程"。即便是双方进行战争，也要严格按照礼仪规范来进行：敌人未成阵形不能打、老弱不能打、已受伤的不能打……而且务必要约好时间、约好地点，待双方人马聚齐，再面对面寒暄一阵子，这时双方选手才能驱驰战车冲入战场。这与其说是战争，倒不如说是一场讲究公平较量的体育竞技。

总之，经过多次推荐，齐桓公才终于向鲍叔牙承诺，会以管仲为齐国国相。

随后，管仲被鲁国人送到齐国边境的堂阜（今山东省蒙阴县高都镇），他发现好朋友鲍叔牙已在这里等候多时。不过，在正式登上相位之前，管仲仍是阶下囚。这时，两位朋友兼昔日政敌一见面，感触良多。简单寒暄完，鲍叔牙便亲自为管仲除去沉重的刑具，又安排管仲沐浴更衣，然后郑重地向他表明了齐桓公小白的态度：希望与你尽释前嫌，不但不杀你，还要拜你为国相，大家一同治理好齐国！

这当然是管仲乐意看到的。可是，虽然他清楚老朋友的一片赤诚，却又深知不能过早地对齐桓公的为人打包票——既然他可以轻易地饶恕自己，也可以随时随地杀掉自己！所以，他委婉地表达了自己的忧虑："管仲曾经侍奉公子纠，既没有辅佐他登上君位，也没有为他死节尽忠，已然十分愧疚。如今又委身侍奉昔日政敌，怕是会受天下人耻笑啊！"

鲍叔牙明白管仲的担忧，遂宽慰他说："成大事者，不拘小节；立大功者，何必管他人是否理解！管子是治国奇才，齐侯有远大抱负，你去辅佐他治理国家，何愁不能建立不世功勋！"

鲍叔牙的这些话，明里暗里向充满担忧的管仲传达出一个信息：齐国新君不拘小节、求贤若渴，你若彻底发挥自己的才能，定能让他打消杀你的念头。

管仲见鲍叔牙这样说，便放心地点头同意了。

当然，其中也包含着一种难以承受的压力。诚如管仲自己所说，他既不能辅佐公子纠登上君位，又不能为他死节尽忠，现在又投靠曾经的敌人。人言可畏，他敢于走上这条路，确实也需要十足的勇气。如今他背负恶名，如果再不能治理好齐国，或者将齐国治理得更糟糕，那么他的恶名就会呈几何级数增长，身败名裂乃至遗臭万年都是有可能的。

相比之下，那位自杀明志的召忽反倒是捡了一个"便宜"，以一死来得到一个名节，轻松简单不费力。其实，在现代人看来，较之管仲，召忽的行为更难以理解。如果这种事发生在现代人身上，现代人估计更多会选择做管仲而非召忽。因为自从司马迁提出"隐忍苟活"后，越来越多的人将其理解为"好死不如赖活着"，而先秦时代的"舍生取义"越来越被人们所遗忘。

事实上，管仲的活不是"赖活"，他绝没有那种侥幸存活的暗自庆幸；他有的只是对肩上重担的忧虑，以及沉重的使命感——西方亦有名言：慷慨赴死易，忍辱偷生难！

鲍叔牙先于管仲回到国都临淄，将管仲的态度转告齐桓公。于是，齐桓公让人择定良辰吉日，准备用"郊迎"大礼迎接管仲。所谓"郊迎"，就是出城到郊外迎接，可以说是非常隆重的一种礼节。历史上，从帝王那里享受过这种待遇的人屈指可数。几日后，管仲乘坐齐桓公为他准备的华车来到临淄城外。远远地，他看到了彩旗招展的仪仗队，还有齐国君主的华美辂车。

曾经的仇人马上就要面对面地近距离接触，齐桓公和管仲的内心应该都无法平静。

第二章　贵族的蜕变：痛定思痛中的崛起

1 权力不应至高无上

齐桓公和管仲这对生死冤家，终于在临淄城外见面了。

其实，作为昔日的生死之敌，这次由"中间人"鲍叔牙极力撮合的会面，仍然充满着种种不确定性。尽管齐桓公给出了郊迎的礼遇姿态，管仲也在接近临淄城时三次沐浴熏香以示重视，但最终决定二人关系走向的，并不是这些礼节性的"面子工程"。

或者毋宁说，决定齐桓公不报仇、管仲能活下去的，是管仲是否如鲍叔牙所说的治国才能冠绝天下。

因此可以说，这次会面，其实是暗藏杀机的。

于是，当二人终于面对面相见时，齐桓公便直接向管仲抛出了自己的问题：先君齐襄公穷奢极欲，垒筑高台，打猎游乐，不理政务，藐视贤圣，侮辱文士，贪恋女色，后宫姬妾吃精米鱼肉，穿彩衣绣服，军队将士却挨饿受冻，要靠姬妾吃剩下的食物来过活，齐国因此而无所长进，如果再这样发展下去，恐怕就有亡国之危了！——请问，面对这种情形，应该怎么办？

作为新一任齐国统治者，此时的齐桓公只关心一个问题，这也是齐国的当务之急——如何强国。而管仲，只有为他解决了这个问题，才能真正消弭他心中的仇恨。

当然，管仲对此也是早有准备的。

管仲如是回答：往昔周昭王、周襄王效法文王、武王的德业而成就美名。他们召集长老，考察选拔百姓中有德行的人；制定法令，作为民众行为的准则；树立榜样，把百姓维系起来，即从根本上解决了治国众多细枝末节的问题，用奖赏善行引导百姓，用惩罚恶行纠正偏差，使长幼尊卑有序，用纲纪法统治理人民。

对于自己提出的理念，管仲没有标榜原创，而是"托古"，这也是古人惯常做法，对于喜欢追慕古圣先贤的华夏人来说，这一招的确比较好使。而他的这一回答，对齐桓公是有吸引力的。随后，齐桓公开始向他请教具体的实施方案。

管仲的回答简单而有力："三其国而五其鄙，定民之居，成民之事，陵为之终，而慎用其六柄焉！"[①]

这段话的意思是，把都城分为三个分区，把乡野分成五个分区，确定百姓的居住地，让百姓各就其业，设置葬地作为他们的归宿，并谨慎地使用生、杀、贵、贱、贫、富六种权力。

其实，管仲这段话，已经拉开了一场轰轰烈烈的改革序幕，这场改革，也将如齐桓公所期许，实现富国强兵，改变齐国的命运。当然，这段话只是管仲一系列为政措施的开场白。接着，管仲趁热打铁，就齐国行政、军事、财政、外交，详细地阐述了自己的改革理念，一步步打动齐桓公，而这些改革措施，会在后面的章节里一一呈现，它们将按照君臣意愿安稳落实，成为齐国的强国新政。

齐桓公对管仲的看法，应该就是在这次谈话的某一个瞬间改观

[①]　《国语·齐语》。

的，因为更为远大的理想，他心中的恨，最终还是放下了。穿过茫茫
人海，眼前的昔日仇敌，就是他要找的那个人。三国时，诸葛亮和刘
备的霸业是在"隆中对"中草创的，而齐桓公和管仲的这次长谈，无
疑是春秋版的"隆中对"。

直到此时，齐桓公才惊喜地发现：管仲果然就是我要找的人！

这一次，不经鲍叔牙做工作，齐桓公立刻就任命管仲为齐国国
相。国相就是后世所称"宰相""丞相"，简称"相"，通常的职责
是辅佐君主治理国家，可以视为君主的副手。而从后面的历史来看，
齐桓公并不只是想让管仲成为他的宰相，因为齐桓公更需要的是一位
CEO，即首席执行官。

宰相和 CEO 的区别在于：一个是打辅助的，一个是全权负责人。

而管仲，是那种必须放开手脚才能施展才华的首席执行官。

纵观齐桓公一生，他只做了一件事，那就是：争霸。

当然，齐桓公争霸又分为两步：富国强兵和尊王攘夷。

而贯穿富国强兵和尊王攘夷的，则是齐桓公对"权力"的运用。
这是体现齐桓公智慧的地方——身为一个掌握了权力的人，他懂得如
何在一种和谐状态下使用权力。

对于一个高层领导者来说，未必最低效，但一定最糟糕的工作方
式是"事必躬亲"。历史上有一个极端典型便是清朝的雍正帝，但雍
正帝也有自己的苦衷：因身为半开化的异族而自卑，又因自卑而产生
幽暗的恐惧。众所周知，清王朝是在明末士大夫之祸及由此引发的农
民起义中意外建立的，而捡来的东西比抢来的东西更容易患得患失。
所以，雍正和他的祖辈父辈一样，时刻如芒在背、神经紧绷，握紧手
中权力不敢放松。历史上，专制君主往往存在诸多性格问题，如胆小

而残暴、阴暗而多疑，进而会失去一个自由生命个体本自具足的快乐。而雍正似乎又达到了一个极限。的确，雍正帝是个让人相当纠结的反面教材。

齐桓公无意于事必躬亲，这不是因为懒，而是因为他足够聪明。他一上台，就决定把国家大事交给别人去做——他要效法周天子采用承包土地的制度，把手中的权力"承包"出去。当然，这也是一种必然或者说是无奈，只是齐桓公做得更干脆、更漂亮而已。

说到权力，我们就要牵扯到春秋时代的政治制度问题了。

政治制度，也称为"政体"。粗略讲，在古代社会出现的政体主要有两种：君主制和共和制。

如果再细分的话，君主制又可分为"君主专制制"和"君主立宪制"，共和制可分为"贵族共和制"和"民主共和制"。

那么，春秋时代的中国究竟是什么政体呢？

其实，无论西周还是东周，都并非政治上统一的王朝，而周王朝境内的每个诸侯国都有独立的统治权。因此，要弄清楚政体的问题，就应该把周王朝和诸侯国各自的政体分别进行研究：

周王朝是什么政体？

周王朝之内的诸侯国又是什么政体？

第一个问题显而易见，周王朝虽是君主制，但它从一开始就不是中央集权的国家，周天子只在周王畿内拥有统治权，而且还不是绝对权力。也就是说，实际上周天子是在和诸侯们共同治理华夏世界。所以，以上列举的四种政体，最接近的是贵族共和，但又有明显不同。那么，我们姑且可以称周王朝或者说"周代中国"所实行的政体为"封建分权君主制"。

在回答第二个问题时，我们可以用具有代表性的齐国为例。

齐国国内有许多大宗族，比如前面已经提及的高氏和国氏即是其中代表。这种大族在战国时代被孟子称为"巨室"，意为巨大的家室。按照周王朝分封关系的设定，齐国君主是"封君"，这些被称为大夫的宗主（族长）是"封臣"。

由此可见，封臣对封君具有相当强的依赖性。封君和封臣之间进行联系的主要纽带是爵位，而爵位这种东西是十分奇怪的。打个比方：周天子分封了一位贵族，那么这个贵族只有生活在周天子名义上掌管的地区才会"生效"，别人才会给予他尊重，他的爵位才有存在的意义。假如有一天这位贵族去了一个很遥远、文化也不相同的地方，那他就很难再得到尊重，这是因为周天子的势力和权威不在这里。

这即是说，封臣的爵位、封号、采邑都是从封君那里得来的。只有封君存在，封臣才有存在的意义；只有得到封君的承认，才能保证封臣在采邑内的统治权以及他尊贵的社会地位；而且，封君越尊贵，封臣就越尊贵。

但齐桓公的即位和周平王一样，走的不是正常程序。事实上，他已经违背了周王朝最初的设定。言下之意是：他乱了规矩。齐桓公在兄弟排行中是老三，最有资格继承国君之位的老二却被他杀了，齐国的强宗大族，尤其是那些支持公子纠的强宗大族，是有理由站出来反对他的。但是，齐桓公选择了和高氏、国氏两大强宗联合，恩威并重地弹压了这些有心反对他的卿大夫，从而得以顺利即位。由此可见，即便是国君，也需要得到卿大夫的承认，唯有如此，他才能高枕无忧。

所以，封君和封臣之间的关系又不是绝对的，高低强弱并非永恒不变的，也就是说君臣之间其实是相互依存又相互制衡的。

实际上，我们在一些史书上还能零零星星看到另一种可能的事实，即一场未经美化的小白与纠的决战。

在齐国内乱之时，按照礼仪齐国人已经先期将公子纠请回齐国，成为新一任齐国君主。当公子小白得知这一消息时，公子纠早已登位多时。所以当齐国人来告知公子小白消息时，小白颇为害怕，他害怕自己回去后，立刻就会被公子纠所杀。

但鲍叔牙并不这么想，他向公子小白说明了自己的计划。他发现，公子纠并未任命管仲、召忽等人成为管理者，相反还冷落了他们。因此，可以趁着公子纠在国都人心未稳之时，联合国都中对他不满的人发动政变。

于是，也不管小白愿不愿意，鲍叔牙就把小白推上了车，而他则专门驾驭小白的这辆车。在途中，小白多次表示这样有违礼法，而且对方也掌握着军队，不可能成功的。鲍叔牙劝说他："成败在此一举，即便不成功，只有老臣会死，而公子不会死。"这才暂时稳住了小白的心。

在都城郊外，两人下车进行了策划，命令二十辆车在前，十辆车在后。强行撞门而入。接着，鲍叔牙和大家宣誓说："事情如果成功，就听我的号令杀进去。如果不成功，一定要保全公子！我将会用五辆车上的军械堵住去路，保证你们逃脱。"

于是，鲍叔牙在前面开路，历经死战竟然里应外合地冲破了城门，进入国都。他迅速找到宫殿，驱逐了公子纠。而后赶来的小白，却被隐藏在暗处的管仲射中了带钩。就在管仲想结果小白之时，鲍叔牙的军队赶到，救下了小白。而兵败如山倒的公子纠只能带着管仲等人逃到鲁国，期待着重新夺回君位。

也许，这个故事才更接近于真实历史，也解释了管仲有时间却没有就地杀掉公子小白的真正原因。

当然，这个故事也解释了我们刚刚提到的封君与封臣之间的关系，他们不仅相互依存，君臣地位也是可以转变的。

在将管仲任命为齐国国相后，齐桓公没有像哥哥齐襄公那样冷落其他卿大夫。比如，他交派给高氏和国氏掌管的军队数量，甚至与他亲率的军队数量相当。这可不仅仅是信任的问题，只有把完全属于自己的东西交给别人，才会涉及信任与否的问题。而一牵扯到"信任"的问题，就只能证明这是赤裸裸的君主专制。齐桓公与高、国二族共领军队的做法恰恰是在说明：齐国不是国君一个人的，公族和贵族也在共同履行治理国家的责任。这一点，不仅封君心知肚明，封臣也了然于胸。

于是，齐国的政治制度就兼具了君主专制与贵族共和的影子。

从这个基础上，我们可以说，这种政治制度叫作：君主专制所能容忍限度下的贵族共和。

或者，也可以称之为"类君主立宪制"。但是，与标准的英国式君主立宪制不同，这里限制君主权力的不是法律，而是流传已久、约定俗成的"规矩"，是存在于封君和封臣之间的天然默契。其中蕴含复杂而有趣的中国传统文化，概括成一句话就是：你不做昏君、暴君，我就不做佞臣、乱臣！

当然，"昏君""暴君"的划分标准通常是由卿大夫制定的，即国君是否做了有损他们利益和价值取向的事。这种关系可用孟子对齐宣王说的一句话来佐证说明："君之视臣如手足，则臣视君如腹心；君之视臣如犬马，则臣视君如国人；君之视臣如土芥，则臣视君如寇仇。"

说白了，这是中国人在懂得妥协妙处的时候，所采取的一种权力平衡——中国人多么喜欢平衡的东西呀！

齐桓公并非这种传统习俗（不能称其为"制度"）的发明者，但他一定是这种习俗的受益者。最危险的权力，一定至高无上。显然，齐桓公压根儿就没想过要得到所谓"至高无上的权力"。

长久以来，中国人总是习惯于以"强弱"来定位统治者和被统治者的关系，但这是一种对权力的误读。强弱不是绝对的，或者说根本就没有强弱之分。正如羊吃草，狼吃羊，狮子吃狼，狮子死后又化为肥料被草"吃掉"……物种之间的关系不是垂直的链形，而是处在同一平面的环形。就像一条项链放在了桌子上，这一颗珠子是草，这一颗珠子是羊，这一颗珠子是狼……环环相扣，没有至强者也没有至弱者，它们之间缺一不可。没有草，羊会饿死；没有羊，狼会饿死；没有狼，狮子作为"百兽之王"的意义也就不复存在。

这种真正的自然平衡之美，同样适用于人类所构建的文明体系。

皇帝登上了皇位，却未必是最后的胜利者；农民生活在社会的最底层，也未必是最后的失败者。统治者如何对待被统治者，只是决定了统治者自身的命运。统治者推行暴政，在其政权被推翻后，统治者不会变成被统治者，而是灰飞烟灭，被统治者仍在继续他们的生活。

电影大师黑泽明有一部经典电影作品《七武士》，讲的是七名野武士（失去雇主的流浪武士）受雇于农民，为他们驱逐屡屡抄掠村庄的盗贼，最终以四名武士战死的代价为村庄换来太平的故事。电影的最后，七武士的首领看着战友们的坟墓，再看看载歌载舞忙着插秧的农民，深有感触地说出了这样一句话："他们才是最后的胜利者。"

天子怕失天下，诸侯怕亡国，大夫怕丧家，所以统治者才会一直争权夺利。而看似命如蝼蚁的平民，反而因一无所有，所以什么都不怕。俏皮的中国人用一句俗语对此做了总结：光脚的不怕穿鞋的。

齐桓公懂得"畏惧"，因此懂得如何恰当地运用权力。

同时，齐桓公也清楚，权力的平衡不但存在于君与臣之间，也存在于臣与臣之间。所以，他不会让管仲"一枝独秀"。齐桓公不但让高氏和国氏共同掌握重权，还以鲍叔牙、宾须无、隰朋等号称"齐国五杰"的五位贵族掌控齐国的律法、农业、外交等事务，"晨鸡夜犬"各司其职，各有分工的同时又互相掣肘，既保证了工作效率，又提高了权力的安全系数。

齐桓公对待权力的这种态度还将随着他的成长而不断深入，并最终成为他称霸天下的神器。

2　从灭谭到长勺之战

　　与之前对鲁国作战初试锋芒不同，齐桓公即位后发动的第二场战争是一场灭国战争。这个被他灭掉的国家是谭国。

　　谭国大致相当于今山东省济南市章丘区，是西周首批被分封的诸侯国之一。子爵，国君为嬴姓或子姓，据称是五帝之一的少昊的后裔，与秦国公族有极为久远的血缘关系。谭国是齐国的附庸。所谓附庸，也就是小弟，类似于后世中国的藩属国——安南（越南）、朝鲜、琉球等。但这种半藩属半同盟的关系并不十分稳固。由于谭国周边有齐、鲁这些大国，墙头草式的见风使舵也成为这种小国的外交常态。

　　谭国人似乎对身为幼公子的齐桓公没有什么好感，所以当年公子小白出逃莒国途经他们的国家时，这些比较倾向于公子纠的谭国贵族刻薄地对待了他，这一行为让齐桓公记忆深刻并耿耿于怀。后来，齐桓公归国即位，周边有正常邦交的国家都来祝贺，唯独谭国国君脑子"抽筋"，明知身为齐国附庸，却没有派遣任何使者前来祝贺。这在当时是十分失礼的举动，而且明显具有挑衅的意味。因此，心高气傲的齐桓公立刻决定攻打谭国。

　　或许，因为齐桓公的即位违背了周礼，所以谨慎而传统的谭国才拒绝予以承认。不过，当齐国大军压境时，谭国虽站在道德的制高点，但也无法阻挡齐国战车的前进步伐。很快，齐桓公的军队轻易地就攻破了谭国都城，齐国战车在国君的公宫内任意驰骋，谭国灭亡，谭国国君随即流亡莒国。齐桓公接收了谭国的土地，谭国人也由此变成了齐国人。

齐桓公攻灭谭国异常顺利，不但没有一个国家出兵帮助谭国，甚至没有国家站出来就此事谴责齐国。

没错，种种迹象表明：变天了！

春秋时代的人们越来越清楚，相比只有虚名的道义，显然拥有实利的实力更为重要。因此，人们越来越看重"实利"，而越来越看淡"虚名"。

又或者，在实利与虚名之间，也在经历着一场艰苦而卓绝的战争吧！

不过总的来看，春秋初年，仍是一个比较"安静"的时代。灭人家国这种事说出来，总带有一些惊天地泣鬼神的气势。

可是，为什么即位不到一年的齐桓公就有能力弄出这么大动静呢？

齐国与许多诸侯国相比，有许多优势：第一，它不但拥有强盛的经济和军事力量，而且拥有深厚的文化底蕴。齐国历史与周王朝的历史同样漫长，周朝一建立，周武王立刻就分封了齐国；第二，齐国的始祖是周朝第一开国功臣、被周武王尊称为"师尚父"的姜太公；第三，齐国曾扫除许多东夷部族和邦国，站在周王朝的立场上，这一举动保证了东疆的安宁，功不可没。另外，在周成王时，王叔燕召公曾代表周朝王室这样对姜太公说："五侯九伯，汝实征之，以夹辅周室。"

意思是：“天下诸侯犯了错误，齐国可以代替周天子率兵征讨！”要知道，这是一种极高规格的政治嘉奖，当时众多诸侯国中，唯有齐国享此殊荣，而这种特权也成为齐国“企业文化”的重要组成部分。

放眼华夏世界，没有一个人敢说齐国是“暴发户”，因为齐国举手投足之间，都透着“范儿”——这是地地道道的功勋贵族。

这就是“资历”！

对于聪明的人来说，资历就是资本。齐桓公是天生的政治家，他身为姜太公的后代，身为华夏世界东部最强大诸侯国的君主，他敏锐地觉察到：寡人必须好好利用祖先遗留的宝贵资源。一经上台，齐桓公就启动了争霸九州的程序，并灭掉了谭国——当然，这一举动很难说他没有掺杂个人恩怨在里面。

齐桓公灭谭国，可以视为一种试探。我们常用“初生牛犊不怕虎”来形容初出茅庐的人的勇敢。但如果在现实中初生牛犊真的去挑衅一头猛虎，无疑是找死。如果一头牛犊够聪明，那么它在顶撞猛虎之前，会先试探一下弱一些的豺狼的实力，然后以此为参照，再衡量是否要对猛虎进行发力。齐桓公就是这么做的。由此可见，越是有资本的人越是从容，越是从容的人就越不喜欢冒险。

谭国是个小国，实力不强，齐桓公毫不费力地就把它拿下了。不过，他仍然有些紧张地观察着人们，急切地想知道他们的反应。

然而，随后出现的局面让齐桓公彻底放心了：人们没有对这件事提出任何异议。

我们知道小孩子在做了错事之后，通常会小心翼翼地观察大人的脸色。如果大人对他的行为举动没有表示不满，那么他往往会放开胆子去做更离谱的事。现在的齐桓公就相当于在大人脸上发现没有不满的小孩子，而且与这个比喻中的小孩子不同，齐桓公在做第一件事之前，就已经决定要去做"更离谱的事"了。是的，灭掉谭国并不是其最终目的。

我在形容齐桓公时，曾用过"意气风发"一词，这是个与"自信"关系密切的词语。的确，齐桓公灭掉谭国后，胆子越来越大，他的自信心继战胜鲁国之后再一次爆棚。

但是，一不小心，自信也可能变成自负。

齐桓公即位不过短短几个月，便完成了巩固君位、战胜谭国等一系列重要事件。在春风得意中，他开始睥睨群雄，继而有些飘飘然，认为称霸天下近在咫尺……然后，就摆错了自己的位置。

他把下一步称霸的目标定在了鲁国。

为什么是鲁国？

鲁国和齐国一样是侯爵国，它的开国君主是和姜太公一样在周王朝居功甚伟的周公旦。因为老祖宗周公是周礼的创始人，所以鲁国对周礼有一种家族使命式的执念——保存得最为完整。或许正因如此，鲁国君主一直享有为周王室主婚的特权。

因此，无论是历史积淀还是文化底蕴，鲁国都不比齐国逊色。而且与现代人们印象中不同的是，春秋初年的鲁国不但不是弱国，甚至可以列入大国的行列。也就是说就综合实力来讲，并不比齐国差许多。

当此之时，鲁国唯一的弱势就在于军队。鲁国的军事力量本来就算不得十分强大，而且在干时之战中，鲁国损兵折将，军事实力进一步受到削弱。因此与齐国相比，处于严重劣势。

这时，志得意满的齐桓公向齐国群臣宣布：鲁国无道，伙同叛贼公子纠谋害寡人。所以寡人要攻打鲁国，给鲁国一个教训！

然而，这个想法一经提出就遭到了反对，其中反对之声最高的就是管仲。管仲认为向鲁国宣战绝不是个好主意，他知道现在齐国的力量并未达到可以轻易战胜鲁国的地步。而且，即便战胜了鲁国，齐国在道义上也难以站稳脚跟。

对此，管仲进言道："君上的当务之急是内修政治、外结诸侯，称霸天下不是朝夕之间就能成功的事！"这里的意思很明确，称霸是个工夫活儿，得一点点磨，慢慢积攒实力，并不是通过一两场战争就能得来的。

从这里可以看出，管仲眼光高远，见解独到，鞭辟入里，一上来就是大手笔。

可齐桓公听不进去。

此时的齐桓公认为，能用一分钟解决的事绝不用两分钟。看准了就下手，这正是他年轻时候的行事作风。

见齐桓公根本不听管仲的话，鲍叔牙也来劝诫："你一定得听管仲的话，他的话可是肺腑之言。"齐桓公一撇嘴，还是坚决不同意。

管仲见状，转身就走，也不管齐桓公的脸色是否难看。直到管仲走到宫门口，才有几个侍卫来劝他，说君上知错了。

不过，当管仲回来后，齐桓公也只是敷衍地称自己不会加强战备，一定会听管仲的话。结果没多久，齐桓公就再次发布命令要求加强战备、税赋翻倍。

而这次，管仲并未提出任何意见。

鲍叔牙找到管仲，问管仲怎么这次与上次态度有了一百八十度的大转弯。管仲告诉鲍叔牙说："我们的国君性子太急，只有打败仗了才能悔悟。我没办法把他扭过来。"

鲍叔牙显出一脸惊恐地说："等他扭过来，那时候我们连国家都没了！"

管仲回答道："放心吧。国内的政务我都在暗中料理，不会有大问题。而且有高、国两卿家抵御外敌，外敌也不敢入侵。我们只要耐心等待就好了。"

可见，当时这对君臣还处于磨合期。因此对于管仲的阻拦，齐桓公多少会有些不屑，甚至是恼怒。一向自信的他心意已决，不顾劝阻，固执地下达了出兵鲁国的命令。

公元前684年，周庄王十三年，而在鲁国、齐国纪年就是鲁庄公十年、齐桓公二年，齐国军队在高傒、鲍叔牙率领下，势不可当地攻进鲁国，直逼鲁国都城曲阜。

鲁国在干时战败后，举国上下恐慌如寒风中的黄叶。他们担心齐桓公会随时南下攻打鲁国。情急之中，鲁庄公将国都北面的洙水疏浚，期望借此阻挡齐国的滚滚车轮。而且，他还听从诸卿大夫的建议，在国内推行"取信于民"等政策，积极与贵族和平民结好，甚至已经到了讨好的程度。希望以此赢得鲁国臣民的信任和拥戴，以便在齐国大军来犯时，能够同仇敌忾，共同御敌。

结果，鲁国人的担忧很快就得到了验证：吕小白这厮果然打过来了！

齐国出动的兵力远远超过鲁国可调动的军队，有资料称为三十万，与鲁国的三万军队形成悬殊对比。春秋初年，战争还不是常态（相较于战国），而且多是贵族之间的小打小闹式的战争。考虑到中国古人一贯喜欢在数字上夸大其词，以及特别喜欢用三、七、九这样的"阳数"的作风，齐国出动的军队不可能达到三十万人，估计也就是十万左右。

但无论如何，齐国军队人数数倍于鲁国是确凿无疑的。

齐国军队进入鲁国境内时，鲁国主战派要求迎战，鲁庄公无奈，只好硬着头皮上了战场。但实力相差悬殊的军队一经交战，便毫无悬念地分出了胜负：鲁国战败。

这时，鲁国大夫又建议鲁庄公暂时避开齐国锋芒，让鲁国军队向南撤退，调动至长勺。

长勺位于今山东济南市莱芜区东北郊，其北面是泰山，西面是汶水，东面是洙水，南面便是鲁国国都曲阜。这里的地形特殊，可以让鲁国人专心对付从北面狭窄的泰山峡谷中进击的齐国军队，而不必担心两翼会受到攻击。

但是，鲁国人的恐惧仍挥之不去，他们知道仅凭地形优势是不能战胜士气高昂的齐国军队的。

这时，一个和管仲出身几乎相同的人步入了鲁国政坛。

此人名曹刿。

周文王有一个儿子：曹叔振铎。从这个称呼可以看出来，曹叔振铎是曹国的君主，而曹刿就出自这一支系。也就是说，曹刿与周天子同宗，这当然算得上血统高贵。但是，贵族血统是个会被稀释的东西，传承得越久，支系越多，贵族的身份也就越打折扣。可惜曹刿出生得太迟，呱呱坠地时已经没落为"基层贵族"，这种身份和同样出身于周王室的管仲如出一辙，他们俩都只不过是个没有权利继承家业的"士"。

一直以来，士这个阶层都是一个很尴尬的存在：他们虽有贵族的身份，却又不得不承受着平民的清贫。简单来说，士就是无产的贵族、脱产的平民，有社会地位但没有与之相当的经济条件。他们只能凭自身本事投靠到诸侯或卿大夫门下混口饭吃。所以，出身于士这个阶层的人很容易形成孤高桀骜的性格，这也可以看作是一种"心怀不忿"的表现吧。

在史料中，曹刿谈及诸侯和卿大夫时，称他们为"肉食者"，言下之意，似乎他就是个"素食主义者"。其实，真实的情况是，混得不好的士（管仲属于混得好的）基本和平民一样，吃不起猪、牛、羊、鹿等美味的肉食，便只能啃各种瓜果蔬菜——他们不是素食主义，而是他们的经济条件只允许他们吃素。

曹刿的肠胃虽然习惯了素食，却仍不时地高声呼唤着大块大块的烤肉。所以，当齐国大军压境的消息传到坊间时，正在啃萝卜的曹刿兴高采烈，站起来蹦蹦跳跳就要奔赴国都。邻里街坊一看这个人疯魔了，便问他："你干啥去？"

曹刿回答说："为肉食者出谋划策去！"

人们都劝他说："那都是肉食者们的事，你又何必多管闲事呢？"

这是一段有趣的对话。从这段对话中，不难发现春秋时代的平民对"国家"的态度：国是诸侯的国、家是大夫的家，所以国家的事与我无关。与此类似的是中世纪的欧洲。在欧洲平民眼中，所谓"国家"，不过是大大小小的领主封地，是领主的私产，所以基本不会在平民阶层产生所谓"爱国主义"。后来，伴随着民族国家的形成，才出现了西方的爱国主义。"民族"等于"国家"，这是英、法等西方民族国家的特点。

而中国的情况要复杂得多。

人们不会去为与自己毫不相干的东西抛头颅洒热血，爱国情怀一定是伴随着"这个国家是我的，我是国家一分子"这种意识才诞生的。而在中世纪的欧洲和春秋初期的中国，社会地位最低但数量最为庞大的士和平民，并没有产生这种意识，因为没有产生这种意识的土壤。

而且，周天子和诸侯以及大夫们，也不会允许卑贱的庶民产生这种与他们共享天下的思想。

而在曹刿看来，国家虽然不是自己的，自己仍能通过为国家服务而获得名与利。士的这种思想，源于他们没有不动产但拥有五花八门、种类繁多的才能。另外，当时也没有严格的、正规意义上的户籍制度。一个士出生的国家，未必就是他要生活一辈子的地方，更难以成为他的终生依靠，因为这时亡国的情况已经越来越司空见惯，而他的才能可以让他在任何国家、任何贵族那里维持生计，甚至飞黄腾达，实现阶级跃迁。不过春秋时代这种情况还不明显，到了战国时代士的形象才更加鲜明，他们每个人身上都充斥着干烈火爆的"此处不留爷，自有留爷处"的激情。如开郑国渠的郑国、变法图强的商鞅、"毛遂自荐"的毛遂、合纵连横的苏秦和张仪，无不是叱咤风云的士。

此时，人们开始质疑曹刿。曹刿说："嗨，这些大鱼大肉的贵族没有深谋远虑，都是一些酒囊饭袋啦！"言下之意，唯有他这个"食草动物"才能力挽狂澜，挽救鲁国。

估计当时其他人看他，都像在看一个狂徒或者疯子。

而曹刿懒得跟他们解释。他只是丢下了这句话，便快速赶往鲁国国都曲阜。

可能是曹刿的出身起了作用，也可能是鲁庄公和鲁国贵族实在是病急乱投医，他们竟接见了曹刿这个主动请缨的乡野边鄙之人，并向他请教战胜齐国大军的方法。

曹刿开门见山，用质问的口吻问鲁庄公："国君想要战胜齐国，凭借的是什么？"

鲁庄公回答："华衣美食，寡人从不敢独自享用，总是不忘记赏赐给卿大夫们。"

曹刿不屑地说："这是小恩小惠，不能普及黎民百姓，算不得什么！"

鲁庄公又说："国家祭祀用的牺牲玉帛等贵重物品使用量之多少，寡人从来都是如实告诸国人，不敢虚报夸大。"

曹刿又说："这不过是小诚小信，并不能让神明降福！"

鲁庄公接着说："国中大大小小的诉讼案件，寡人即使不能明察秋毫，也必然要据实审理，合理裁决，以防止出现冤假错案。"

一直等鲁庄公说到这一点，曹刿才稍稍露出肯定的意思。只见他点点头，露出一副"孺子可教"的神态说："这还不错。这才算是一国之君尽了他的本分！这样吧，等与齐国开战时，就让我陪着君上一同上战场吧！"

曹刿和鲁庄公之间的问答，充分表现了曹刿这个人的桀骜不驯之处：身为一介布衣，却颐指气使地教训一国之君，着实是典型的恃才傲物。管仲和曹刿的事例也证明了"士"这个阶层正在中华大地上迅速崛起，稳定但封闭的传统社会开始遭遇挑战。由于统治者对人才的需求越来越迫切，今后将有许许多多的管仲和曹刿挺身而出，他们将在许许多多个齐桓公的率领下披荆斩棘，保护一些东西，也会毁掉一些东西，还会创造一些东西……如果说中华文明是一座大厦，那么这些人就是这座大厦上分量十足的栋梁。

当然，曹刿在鲁国贵族面前指手画脚的前提是，他有信心战胜骄横不可一世的齐桓公。

另一边，高傒和鲍叔牙正率领整齐划一的军队和鲁军会于长勺，一次又一次的出师大捷已让齐国大军心生骄傲。在这些齐国君臣看来，败绩累累的鲁国懦夫将很快被他们击败，而他们攻占曲阜，已指日可待！

但是，他们不知道，一个名叫曹刿的鲁国之士，已经悄无声息地站在了他们对面的军阵中，并且即将扭转整个战局。

春秋时代的战场，与其说是战场，倒不如说是"车场"，即战车驰骋的疆场。在当时的华夏世界，战车是主要作战工具，因此车战便成为主要作战方式。

战车出现的时间很早。轮子出现后马上就出现了用于作战的战车——至少在商代遗迹中就已经发现了战车残骸。战车多为木质，但心灵手巧的工匠们通常会在木质车厢上覆盖一层铜甲。这层甲板既有加固战车结构的功效，又有抵挡流矢的作用，同时增加了车的配重，更具冲击力。战场上，战车驱动起来便势如风雷、势不可当。这就相当于春秋时代战场上的坦克。

在手工业和冶炼技术比较落后的商周时代，制造一辆战车需要耗费巨大的人力和物力，因此制造造价昂贵的战车成了财大气粗的贵族的专利。在这个以车战为主的年代，战车是荣耀的象征，亦是胜利的保证。

华夏先民崇尚武力，在人类文明的少年时期，战争便已发展成为一门学科。即很早就懂得兵种搭配、协同作战的优势，战车单位的配置即充分体现出这种惊人的智慧。

当时的战车一般由四匹戎马所拉，也即我们经常说的"驷马"。

战车上有三人，皆为贵族出身。他们自幼经受严苛的军事训练，是百里挑一的精兵，又因他们身着重装厚甲而被称为"甲士"。这三名甲士各有分工：居左者手持弓箭，负责远射，名为"车左"；居中者驾驭马车，名为"御者"；居右者则手持长戈，负责近战，名为"戎右"。

除此外，战车的四周还配有几十名低级步兵。这些人都是平民。他们轻装薄甲，兵器简陋，称为"徒卒"。徒卒并不是作战的主力，春秋时期，贵族们热衷于以自幼习得的武艺来彰显家族和个人的荣耀，而不是让一帮身份低贱的农夫帮他们实现理想。

不同时期，徒卒的数量有所不同，而有一个明显的趋势是人数在不断增加——这表明战争的规模越来越大，也越来越残酷。春秋初年，每辆战车搭配的徒卒数量在50名左右；到了中后期，人数已达70名甚至更多；而到了战火纷飞的战国时代，平民出身的步兵竟一跃成为战场的主力，顺便还诞生了职业军人群体。

四匹戎马，一辆战车，三名甲士，若干徒卒，便是一"乘"。像齐、晋、秦等国被称为"千乘之国"，即是指拥有能力组建1000乘战车部队的大国。

按照传统规则，车战的作战方式如下：交战双方递交战书（有礼）；战书上要约好时间、选好地点，最后双方如约到达战场（诚信）；开战之前，双方国君选派代表到战场上进行交涉，如不能免战，双方则须准备作战；然后，双方各自进行鼓舞动员，以提高士气（勇气）。开战后，双方战车一起开动向对方冲去，当到达射程范围后，车左要撒放弓箭进行射击，打压对方士气，之后双方在战场中央相遇，戎右挥舞戈或戟近战肉搏，短暂交锋后，战车继续向前开进，这个过程称为"合"；行驶一段距离后，战车再折返回来冲锋交战，这个过程称为"回"。一来一去，便是一个"回合"，这便是"回合"一词的来源。

这种作战方式，一来一去间都彰显着贵族间公平决斗、诚信不欺乃至礼尚往来的价值观念，是中国贵族精神的体现。

但是，也正是从春秋开始，这种"华而不实"的作战传统便开始遭到遗弃，中国人逐渐意识到"谋略"在战争中的巨大作用，并终将促成一批兵法家的出现。接下来的"长勺之战"，以及半个世纪后的晋楚"城濮之战"、秦晋"崤之战"等，都是巧妙运用谋略取得胜利的典型战例。

而此时的长勺战场正如死一般沉寂。

齐国这边，高傒和鲍叔牙在等着鲁国擂响战鼓。擂响战鼓的用意是"鼓舞"，这是战争的惯例。

让他们没想到的是，鲁国人似乎已经害怕到忘记了交战程序，迟迟没有擂响战鼓，长勺战场就这样一直沉寂着。

因此，齐国人慢慢地开始认为鲁国军队已经胆怯，接下来的战争必定可以轻松获胜。齐国军队中擂响战鼓，全军发起进攻，精兵良将士气如虹，战车在戎马嘶鸣中开动，车轮滚滚，撼动大地，浩浩荡荡的军阵排着整齐的线阵，向安静的鲁国军队冲去。

然而此时，鲁国军阵中依旧没有传出一声鼓声，而且也不见鲁国战车有一丝动静。齐国军队继续前进，逐渐靠近鲁国军阵。当齐国大军终于能看清鲁国人的脸时，他们的如虹士气很快被一种诡异的气氛剿灭——鲁国战车紧密地排在一起，像一道坚实的城墙岿然不动。

齐国士兵正纳闷，冷不丁地发现了一个让他们魂飞魄散的景象：满天都是鲁国的羽箭。

在一轮又一轮箭雨过后，齐国将士纷纷被射杀，鲜血遍地，处处哀鸣。因为这些举动不符合车战的惯例，猝不及防的鲍叔牙只好命令齐军撤退。

撤退到自家军阵的安全地带，鲍叔牙和高傒快速商议一番，最后他们认为，鲁国只是因为胆怯才不敢出战，只要再次强攻，冲过他们的箭雨，进而短兵相接，一定能让鲁军大溃。随后，鲍叔牙再次下令擂响战鼓，发动进攻。

这次迎接齐国军队的仍然是漫天羽箭，而且势头更加凶猛，导致齐军根本无法前进。无奈之下，鲍叔牙只好再次下令撤退。

稍作整顿，齐国军阵中第三次擂响战鼓，向鲁军发起冲锋。

然而，当这次齐国军队以凌乱的阵形冲向他们的敌人时，却猛然间听到鲁军军阵传来震耳欲聋的鼓声！

而后，鲁国大军如山洪暴发般汹涌而来！

齐国大军的士气顿时烟消云散，一个个丢盔弃甲，掉头就跑。

亲自擂响战鼓的鲁庄公见齐军败退，兴高采烈地跳上战车就要去追击。然而，这时曹刿却一把拦住他说："齐国是大国，兵力向来强盛，为防他们佯败诈退，不可贸然追击！"

说罢，他登上战车的横木眺望，只见齐国举着军旗和拿着兵器的士兵们杂乱不堪；而后又跳下车去观察地上的齐国战车辙印，见车辙印混乱，随之断定齐国是真的败退，便让鲁庄公放心地率军追击。

鲁庄公遂亲自驱驰战车，率领鲁军一路急追猛进，杀伤齐国溃军数千，并俘获大量俘虏和辎重。

此战之后，曹刿对鲁庄公总结了鲁国战胜的原因："两军交锋，靠的是士气。鼓声一响，士气奋发；鼓声二响，士气衰退；鼓声三响，士气便竭尽了。当齐军三通战鼓后，士气丧尽，我们再以奋发士气进攻，所以才能将敌人一举击溃！"

这是一个具有典型意义的历史事件，曹刿已经公然违背了当时的战争规则，甚至也在一定程度上改变了以后的战争形式。而战争形式的改变仅仅是个表面，真正发生变化的远远不止于此——越来越多人开始形成这样一种认知：传统固然可贵，但并非所有的传统都该存留下去。

历史也证明：有些传统，注定是要被遗弃的。

长勺之战，是中国历史上一场以少胜多、以弱胜强、以静制动、以柔克刚的经典战例，这场战争与以往决斗式的战争形成了鲜明对比——恪守周礼的鲁国在运用违背贵族精神的诡诈之术！这真是具有象征意义的一幕。当齐国战败的消息传到临淄城时，正等着捷报传来的齐桓公的反应多半是："我泱泱大国，竟败给鲁国蕞尔小邦！寡人这面子往哪儿搁？"

对踌躇满志的齐桓公来说，这场惨败，不可不谓重大打击，而这也是他即位以来第一次遭受重大挫折。

但因祸得福，这场主动出击的战争虽然惨遭失败，却让齐桓公看到齐国的薄弱之处。他不得不重新审视自身，也开始重新审视管仲。当大家都坚持攻打鲁国时，管仲却坚决持不打的态度，这就说明他能看到其他人看不到的地方。而那个地方，或者幽远，或者细微。总之，这体现出管仲的认知远超众人这一事实。或许，直到这时，这位统治者才开始真正放下对管仲的疑虑，放心地重用他，并将所有的希望都托付在了他的身上。

于是，在管仲主持下，齐国开始了军事方面的改革，而且成效显著，以至于齐桓公在三年后有足够的底气再次发动一场大规模的战争。不过，在此之前齐桓公还有一件事要做。

3　北杏会盟

公元前681年春，齐桓公以宋国君位无序、手足相残为由，邀请宋、鲁、陈、蔡、卫、郑、曹、邾等诸侯，称将就宋国内乱这一"国际问题"在齐国北杏（今山东聊城东）举行盟会。

宋国内乱是春秋时期典型的一连串政治动乱。

如果我们翻开史书仔细观察就会发现，其实在宋国近800年的国祚中，这个国家一直处于一个非常尴尬的地位。宋国公族是子姓，殷商遗民，开国君主是商纣王的庶兄微子启。西周初年，周成王年幼，由叔父周公旦摄政，周公的兄弟管叔鲜、蔡叔度勾结商纣王之子武庚，联合淮夷、徐夷等东夷族群反叛周王室，最后被周公镇压。而后，为安抚殷商遗民，周公又找到商纣王的庶兄微子启，让他统领殷商遗民，建立了宋国，微子启获封公爵。

因此，在文化传承上，宋国人与周人存在很大差异。比如，周族人崇拜熊，将熊视为自己的祖先，而作为商族后裔的宋国人则是典型的凤鸟崇拜。所谓"天命玄鸟，降而生商"，由鸮演变而来的玄鸟，就是他们心中不可取代的神圣图腾。虽说宋国被周武王封为五等爵位之首的公爵，然而即便是被周王朝进行了数百年的同化，他们的文化仍与其他被分封的华夏诸侯不尽相同。在此，我无意讨论两种文化的优劣，但一直以来的情况是，相比人数少，人数多总是更容易形成优势，而优势对劣势就可以指东道西，甚至为所欲为。一直以来，周分封的功臣、亲族诸侯对宋国人的蔑视就无处不在。比如，我们在学习含有明显贬义的成语时，不难发现一个有趣的现象，即这些成语但凡涉及十分可笑的人物，大都是宋国人，比如"守株待兔"——从前有一个宋国人……比如"揠苗助长"——从前有一个宋国人……比如"丁公凿井"——从前有一个宋国人……

这说明，在其他诸侯国眼中，宋国就是迂腐和愚蠢的代名词。

然而，最为周人所不能理解的则是在一圈嫡长子继承制的国家包围中，倔强的宋国竟一直保持着殷商君位传承的兄终弟及制度。

前728年，宋宣公去世前，将君位传给自己的弟弟宋穆公。宋穆公心存感恩，因此在即位后便册立了哥哥宣公的儿子公子与夷为太子，而不是立自己的儿子公子冯。宋穆公死后，公子与夷成为宋国君主，即宋殇公。因为担心受到迫害，宋殇公的堂兄弟公子冯被迫流亡郑国。

可是，宋殇公懦弱无能，因而迅速被太宰华督和大夫孔父嘉掌控了朝政。这两个人都出身于宋国公族，但彼此不和，并且华督垂涎孔父嘉妻子的美色已久。

而那位流亡的公子冯得到郑国的支持，常常流露出回国争夺君位的迹象。孔父嘉便以此为借口，常和郑国发生战争。然而，宋国国力不如郑国，常吃败仗，导致宋国臣民怨声载道。

细心的华督立时觉察到民怨已经积累到了临界点，便利用这种情势，到处散布言论说："宋国局势不稳，这一切都是孔父嘉连年征战的缘故。终有一日，我华督要为宋国人出这口恶气！"

终于，在他的煽动下，宋国发生国人暴动。华督趁乱杀死孔父嘉并霸占了他的妻子。孔父嘉的一个儿子逃到了鲁国并世代定居，而这一支便是孔子的直系祖先。

宋殇公见华督作乱，遂率公族军队与华督家兵交战，结果反被华督所杀。华督见已无人能撼动自己的地位，便从郑国接回公子冯，立为国君，此即宋庄公。

可惜的是，宋庄公同样懦弱无能，令华督完全控制了宋国朝政，并常干涉卫、郑两国内政。卫、郑两国贵族对此十分不满，三国经常交战。

在位十九年的宋庄公，最后只能在苦闷中死去，其子宋闵公即位。

宋闵公即位后，一改之前的外交政策，与卫、郑两国修好，而常与鲁国交战。闵公八年（前684年），宋国在乘丘（今山东巨野县）之战中大败，宋国大夫南宫长万被鲁国人擒获。后来，宋国通过外交手段将南宫长万赎回。

之后某一天，宋闵公和南宫长万去山中打猎。不知何故，二人起了争执，君臣各不相让。宋闵公很生气，想起了南宫长万的被俘经历，便对他冷嘲热讽："想当初，寡人十分敬重你，而如今你不过是区区一个鲁国囚犯，哪里还值得寡人敬重呢？"南宫长万被揭了短，既羞愧又愤怒，从此与宋闵公交恶。

几个月后，宋闵公让南宫长万陪他下棋（闹掰了还在一起玩也是心大）。估计下棋的时候也发生了一点不愉快，宋闵公多半又嘲笑了对方，导致南宫长万念起新仇旧恨。于是他趁国君不备，忽然起身，抓起棋盘冲着宋闵公的脑袋一通乱砸。宋闵公还没来得及反应，便倒在血泊之中。

宋国大夫仇牧听说南宫长万弑君，随即抄起武器孤身赶往公宫，在宫门口与正要出宫的南宫长万相遇。二人展开肉搏，南宫长万武艺高强，仇牧不是对手，被杀。临死前，仇牧这位宋国大夫紧紧咬住宫门上的门环，以让自己站立不倒，以此而显示自己的忠心。

一不做二不休，南宫长万决定一反到底。随后，他又带人冲进太宰华督的宅邸，杀死了这位控制宋国朝政多年的权臣。

仇牧和华督死后，南宫长万在宋国基本上可以一手遮天了。而其他公室贵族们畏惧南宫长万的骄横，选择避其锋芒，暂时退守到了外地。

随后发生的事情便是，南宫长万大摇大摆地立宋闵公的弟弟公子游为国君，即宋前废公。

不久后，逃难于外地的宋国公族们便开始进行反攻。他们联合宋国萧邑大夫杀进了国都，南宫长万战之不敌，狼狈地逃到陈国。诸公子冲进公宫，弑杀宋前废公，又立宋闵公另一个兄弟的儿子公子御说为国君，此即宋桓公。

宋桓公即位后，宋国贵族向陈国索要叛臣南宫长万。陈国并不想因为一个大夫得罪整个宋国，爽快地将其交了出去。宋国贵族磨刀霍霍，对南宫长万施以醢刑，一刀一刀将之剁成了肉酱。至此，这一动乱才算告一段落。

事实上，宋国君位无序的问题在后来的数百年间也未得到彻底解决，当其他华夏诸侯都在为制霸天下而努力的时候，宋宣公和宋穆公两兄弟的后人还在为国君之位不停地自相残杀，陷入内战泥潭不能自拔。由此，宋国最终由国际地位甚高的大国沦为不入流的弱邦。

以齐桓公为代表的一大批人已经意识到，宋国继承制度混乱无章已不仅仅是一国的"个人习惯"问题。这种由制度不明晰而引发的内乱经常会扩大为国际战争，让很多中原诸侯国都被牵连在内，极大地影响了华夏世界的安定团结。这便是齐桓公主动提出解决宋国问题的一个堂而皇之的理由。

当时参加盟会的几个国家中，除了齐国，唯有宋国还算得上是大国，其余诸侯都是春秋时代的二流乃至三流国家。即便如此，响应号召参加这次"国际峰会"的也只有宋（当事人）、陈、蔡、邾四国，而郑国、鲁国和卫国，都没有理睬这位貌似是拿着鸡毛当令箭的齐国君主小白。

但为了表现齐国"泱泱大国以诚信为本"的胸襟气度，齐桓公在与会者稀稀拉拉的情况下，依然坚持完成了这次会盟。

不过，在这里一定要指出的是：无论是对于齐桓公本人还是整个华夏世界，这都是一次具有划时代意义的事件。

周王朝 800 年历史中，有四个事件是具有划时代意义的，按照时间顺序做如下排列：

第一件，周武王建立周王朝。

第二件，东周初年，郑庄公与周桓王在繻葛交战，大败周王室。这是蠢蠢欲动的诸侯首次向周天子挑战成功的事件，是"礼崩乐坏"的具体案例，标志着周天子已从受命于天的神坛走下。

第三件，就是齐桓公的这次北杏会盟。

第四件，是晋国的赵、韩、魏三家大夫瓜分晋国，废国君为庶人，并胁迫周天子册封他们为诸侯，史称"三家分晋"。这是战国时代的开端。

北杏会盟的重要意义在于，齐桓公为动荡不安的周朝诸侯们找到了一条新出路：天下共主不顶事儿，就应该找出一个顶事儿的来解决问题。按当时人们的思维应表述为："天下"这个大家庭起了纷争，作为一家之主的周天子，已没有能力力挽狂澜，那么就应该由"长子"出来挑大梁，从而尽可能维系这个风雨飘摇、东倒西歪的大家庭。

如今齐桓公为之奋斗的，就是成为这个"长子"。

以诸侯身份主持盟会并担当盟主者，齐桓公是第一个。在此之前，能做这种工作的，只有周天子。因此这是齐桓公在争霸道路上跨出的一大步。

而后的事实也证明，齐桓公对三年前的那场长勺之败耿耿于怀，因此北杏会盟刚刚结束，他就开始找麻烦。

鲁国和齐国一样，也有多个附庸，其中一个比较重要的是遂国。遂国位于今山东宁阳县西北，国内只有四个氏族，基本可以划入"袖珍型国家"的行列。它是夏朝时期由夏人寻找帝舜后裔所建立的方国，和由周人寻找另一支帝舜后裔而建立的陈国系出同源，皆为妫姓。遂国虽小，历史却相当悠久，而且因为是帝舜的后裔，所以周人并未将之视为蛮夷。也正因为这个原因，当其他许多东夷系统的大国被华夏诸侯灭掉后，它仍得以存活至今。但是，遂国又不在周王朝册封的五等爵位之内，属于不入流的小国，只拥有算不得真正爵位的"附庸爵"，依附于周边诸侯大国，存活于强权夹缝之中。

在北杏会盟之前，齐桓公同样也向小小的遂国发出了请柬，但宗主国鲁国没有参加，遂国自然也就没有参加的理由。而且似乎和谭国一样，遂国对齐国的强大也有所不满。

齐桓公需要的就是这样一个机会，便以遂国没有参加会盟为由，出兵遂国，并很快就将它灭掉了。

而后，齐桓公又将兵锋指向遂国身后的老大——鲁国。

鲁国还是当年的鲁国，但齐国已不再是当年的齐国。

至少，齐国的军队这次不会再被鲁国的"诈术"所迷惑。

这次，齐国战车长驱直入，直奔曲阜，大有直捣黄龙之势。鲁国军队虽积极应战，但负责对齐作战的主帅却骄傲自大，导致鲁军屡战屡败，溃不成军。节节胜利的齐国军队很快就占据了鲁国许多土地。最终，惊惧不已的鲁庄公向齐桓公求和，并表示承认遂国是齐国的领土，同时齐国所占领的鲁国领土也归齐国所有。

齐桓公见鲁庄公服软，便答应了他的请求，并准备在柯邑（今属山东聊城）和鲁国举行盟会，进行割地接收仪式。

但是齐国人想不到，看似敦厚的鲁国人，将再次给他们一个大大的"惊喜"。

即将出场的这个人，是这次对齐作战的主帅，在司马迁的笔下名为"曹沫"。由于此人未见于《左传》，所以古代一些史家也认为"曹刿"与"曹沫"应是一人二名。不过，太史公认为长勺之战中击败齐军的"曹刿"和此次战败的"曹沫"是两个人，而且很多当代史学家也持这种观点，理由之一是谨慎的曹刿和因自大而战败的曹沫性格反差太大："曹刿"在长勺之战一举击败齐国，而"曹沫"却在此次战争中屡次失利。所说是三战三败，丧失了不少鲁国领地。

《史记》是一部掺杂了许多个人情感的史书，所以仅凭"人物形象"来判定"曹刿"和"曹沫"是两个人的做法很不理性。而且，在先秦古汉语中，"刿"与"沫"同音，在用字随性的古代，通假字数见不鲜，"曹沫"很可能就是"曹刿"的另外一种书写方式。更何况，从人物性格来分析，"曹沫"这次表现出的自负与长勺之战中"曹刿"所表现出的镇静其实并不矛盾。

更重要的是，无论曹刿或是曹沫，他（他们）注定是让齐桓公终生不忘的男人！

盟会如期在柯邑举行，齐国人搭建的盟台十分高大，俨然是齐桓公威严的象征。鲁庄公来到台下，抬头仰望高耸入云的盟台，却望不到高高在上的齐桓公，恐惧、羞愧、纠结……各种滋味让他十分沮丧。

作为胜利者，齐桓公多少有些盛气凌人。其实，在很多时候，齐桓公这个人并不厚道，他促狭地嘱咐盟台下的武士：千万不要让鲁侯的大夫一同登上盟台！

意图很明显：他要捉弄孤立无援的鲁庄公——尽管鲁庄公是他的外甥。

当曹沫紧紧跟着鲁庄公来到台阶前时，果然遭到了齐国武士的阻拦。

一贯养尊处优的鲁庄公吓坏了，无奈地望向曹沫，向他求助。对于这种无礼的举动，曹沫做出的反应是怒目而视。他的眼睛似乎有希腊神话中蛇发女妖的魔力，竟让阻拦他的齐国武士僵化了——被曹沫牛眼圆睁的威严吓得呆若木鸡。

然后，众目睽睽之下，曹沫就这样护送着自家国君，旁若无人、大摇大摆地上了齐国盟台。

齐桓公见曹沫竟然跟随上台，有些不爽，但谅他区区败军之将，必不敢作乱，也没有将他放在心上。一声令下，盟会仪式开始。

盟会仪式有个极为烦琐的过程，比如杀点动物取点鲜血以及喝口血酒什么的，比较耗费时间。就在这些程序正有条不紊地进行时，曹沫忽然将藏好的匕首摸出来，趁大家不注意，一个箭步便冲到齐桓公跟前。然后，他将冷冰冰的匕首顶到他齐桓公的脖子上。

可以想象，这位春秋第一霸主绝对被吓坏了！惊慌中，他梗着脖子，笑容僵硬地问曹沫："先生拿刀顶着寡人，所为何事呀……"

曹沫不多说，直接切入主题："齐国是大国，鲁国是小国，齐国夺我鲁国土地，是以强凌弱，不合情理，请齐侯如数归还鲁国失地！"

这些话掷地有声、堂而皇之、义正词严、大义凛然。

但事实上，这是个非常奇怪的逻辑：你是强者，我是弱者。你打我就是强者打弱者，打赢了就是以强凌弱，不光彩的是你，是你犯了错。所以，你不能觍着脸跟我谈条件，但是我可以！

齐桓公看了看冷冰冰的锋刃，又看了看管仲，当见到管仲示意他答应曹沫的要求时，他心里有底了。齐桓公当然不会为了区区一片土地就丢掉自己性命，于是，点头。在普遍讲究诚信的年代，点头这一动作的可信度极高，比现代人写保证书、按手印要可靠得多。

随后，曹沫收回了匕首，气定神闲地回到自己的位子上站好，仿佛什么事都没有发生。

齐桓公的脖子上还留着匕首的余寒，他先是倒吸一口凉气，而后陷入思考中，思来想去，越想越生气。

"寡人要翻脸！还要不认账！"

是的，齐桓公不但要反悔，还要把冰冰凉顶了自己半天的曹沫大卸八块。

就在齐桓公被过于强烈的情感冲昏头脑的时候，管仲及时站了出来，他细心劝诫齐桓公：不要任意而为，杀曹沫一人，不但失信于天下诸侯，还会落个不仁不义的恶名！

　　齐桓公看着管仲那张严肃的脸，压住火气说："寡人要联合诸侯讨伐无道，如以强凌弱强占土地，其他诸侯怕还怕不过来，何谈'敬重'呢？"于是，他放弃了毁约杀曹的念头，继而履行诺言，将所夺的鲁国土地尽数退还。

　　齐鲁柯邑之会的消息很快就在天下各国传扬开来，各诸侯国纷纷称赞齐桓公，许多采取事大主义的小国立刻开始对齐国投怀送抱，将齐桓公视为可信赖的盟友和保护人。很快，齐桓公的威望开始得到国际社会的肯定。

　　而对于齐桓公来说，曹沫让他吃亏也是他终生难忘的痛。不过幸运的是，疼痛之后得到的是长进，齐桓公早期的许多决策明显带有急攻冒进和一意孤行的特征，但柯邑之会后，他的行动显然增加了"深思熟虑"和"虚怀纳谏"的成分。

　　曹刿（曹沫）被鲁庄公重用的事例证明：齐桓公并非独一无二，管仲也并非独一无二。华夏世界的传统正在遭到破坏，有人兴奋、有人神伤，于是就有了争夺霸权的春秋五霸，也有了尝试以各种方法修补精神世界的诸子百家……之所以说齐桓公并非独一无二，是因为同时期的诸侯中，也有很多人抱有跟他一样的理想，他们不但要获得实实在在的权力，还要成就身为贵族的荣耀。之所以说管仲并非独一无二，是因为还有许多跟他一样的低级贵族甚至平民，在努力以才华让自己跻身"肉食者"之列。

　　曹刿（曹沫）也是伟人中的一员。只是，伟人与伟人，气质不同。

　　不过，有一点却是独一无二的，那就是齐桓公和管仲的组合。这个由生死之敌转变而来的最佳搭档，是春秋时期一道奇异风景线，这个组合的巧妙之处在于：没有齐桓公，管仲难以名垂青史；没有管仲，齐桓公也难以成就霸业。

而在接下来的许多年中，这对最佳君臣将带给人们更多惊喜。

第三章　霸主的资本：制度、军事、经济与人民

1 制度与道德：我是国君，不是酋长

西方社会自始至终都是"制度控"。自遥远的日耳曼族群还在林中穿梭和海上漂荡时，他们就表现出了对制度的执着；而更早的古希腊城邦和罗马帝国，亦无不对制度抱有极大热忱。对于这方面，他们的具体表现是，他们在构建自己的社会时，有意识地锤炼对"政体"和"法律"的操作运用。虽然西方人的习惯在中国人看来中规中矩，一板一眼，不够"变通"，但这一行为确实为西方社会解决了很多实际问题。

相比之下，中国人则是个过于重视道德的民族，因此一直以来都缺少对"制度"及其"周边产品"的热情。西方人从小就对"违法犯罪"有着十分清晰的概念，而在中国人意识中，最大的恶名不是"违法犯罪"，而是"道德沦丧"。这种文化传统极为顽强地传承了下来，以至于从秦汉到明清，几十个大大小小的王朝（王国）你方唱罢我登场，从来都是将"道德沦丧"归为王朝灭亡的原因，而从未有人对"制度"质疑。这不是没人关心，而是没人有能力注意到这一点。历朝历代的开国皇帝最大的乐趣就是放火烧房子，似乎一把火把前朝的宫殿烧得干干净净，就与道德沦丧的过去划清了界限。但烧来烧去，自己盖的房子未来也难逃被烧掉的命运，不断轮回的历史似乎就是中国人的宿命。

但是，在中国如长河一般的历史中，仍有人意识到"制度"的重要性并尝试着改革。

在制度改革这件事上，春秋时期的齐国表现得比其他诸侯国更富有激情。齐桓公和管仲在春秋初年推行的这次改革，动静和影响之大，完全可以和200年后的商鞅变法相提并论。

就像在前面所说的那样，周朝是一个"松散的联邦"。但实际上，它更像是一个"邦联"而非"联邦"。并且，这个原本就十分松散的邦联正在变得越来越松散。统一国家的前提条件是只有一个最高政府，周王室只在名义上最"高"，实质上它只对自己控制的周王畿拥有行政权。所以，如果不以文化做考量而单以政权组织形式来做标准，周朝并不是一个统一的王朝。

同样，各诸侯国也难以贴合现代人对于"国家"的定义。诸侯不用看天子脸色，卿大夫有时同样不在意诸侯，君臣之间的实力对比经常转变——这种情形在秦始皇之后的中国人看来简直匪夷所思。说好的"普天之下莫非王土，率土之滨莫非王臣"呢？然而，出现这种情况并非缘于制度的优越性。恰恰相反，如果站在政治学的立场上，你会发现这种政权组织方式其实是一种落后的散放式经营：行政管理分工不明确，各种人事调动往往具有临时性，上下级之间和同僚之间过分强调人情世故而非规章制度，比如管仲登上齐国政坛就有这种特性。

而且，这种情况经历了强化君主专制力度的战国时代和秦王朝的洗礼后，也未能完全革除，以至于汉高祖刘邦建立汉朝后，在很长一段时间内都感受不到君临天下的快感。《史记》这样记载："高祖有天下……大国之王虽称蕃辅，臣节未尽。"可见刘邦即便得了天下，列国藩王仍不尽臣下的义务，估计这位汉王朝的开国皇帝多半会这样想："当这个大汉天子也不过如此吧？仅仅是地盘大了一点而已嘛！"

这种情形对于皇帝来说十分紧迫，这促使刘邦抓紧时间去树立自己的权威。万幸的是，他从秦始皇那里学到了至关重要的一条法则：皇帝是让人怕的，不是让人亲近的。

在秦始皇时期，已经开始有意识地树立起"皇帝"的权威，他悍然宣称自己"德兼三皇，功过五帝"，实质上是在肯定和赞美自己作为一个人的征服力，是在肯定自己作为一个生命的能量迸发，同时也是对他人的弹压和恐吓。据说，秦始皇身材畸形，患有严重的佝偻病，他很可能为此而自卑。但自卑往往就是自负的孪生兄弟，"老子天下第一"的思想在他统一六国后得以完全释放，从而让他把过多精力倾注在自己身上……恐怕，即使被万民山呼为"皇帝陛下"也未必能满足他的虚荣心。

尽管秦始皇已经有意识地"威严化"自己的存在，但中国人对"皇帝"的认同还是相当模糊的，这种情况一直持续到汉高祖刘邦身上。

但是，情况很快就发生了转变。

汉朝继承了秦朝的制度，所谓"汉承秦制"，令中国历史上第一个平民出身的君主出现了。而在此之前的所有君主，无论是至高共主（夏后、商帝、周王）还是方国诸侯，无一例外都是贵族出身。因此可以说，汉朝的建立也标志着一个不同寻常的时代的开始。汉高祖刘邦效仿秦始皇称帝，但与"第一个做皇帝"的秦始皇不同的是，他即位后很快制定和完善了一套礼仪规范和法律条令，从而使得大汉皇帝的形象更加清晰明朗。秦朝人畏惧秦始皇是在畏惧"嬴政"，汉朝人畏惧汉高祖则是在畏惧"皇帝"。

换言之，汉朝人所畏惧的，是汉朝的政治制度：中央集权的君主专制。

几十年后，汉高祖的曾孙汉武帝接受儒生董仲舒的建议，以皇帝敕令的形式向数千万臣民宣布：皇帝的权力为"上天"所授。这其实是重新戴上了周天子使用过的神秘面纱，也就为君主专制上了第二个保险，"君权神授"。

不难发现，汉朝的做法要比秦朝高明得多，也成熟得多。

在当时，不断加强的君主专制能最大限度地发挥历史悠久、文化瑰丽、幅员辽阔的中华帝国的巨大潜力。当中国人生活在由大汉天子投射的阴影下2000年之久而难以喘息时，当君主专制这条康庄大道成为可怕的泥潭和深渊时，就是孙中山们考虑国家前途并寻找出路的时候了。

一直到春秋初年，齐国仍和其他诸侯国一样，像极了称兄道弟的民间帮会组织，而不是制度完备的高级社团。诸侯和卿大夫之间的关系很像原始部落里宗族首领之间的关系：一个部落由许多宗族组成。本着不能群龙无首的原则，在对抗和妥协中，便会诞生一个居于领袖地位的宗族，部落的最高领导随后也会从这个宗族中出现。这种情况在游牧民族身上尤为明显，鲜卑族中的拓跋氏，突厥族中的阿史那氏，女真族中的完颜氏，都是这种典型代表。

制度的优越性能提高国家的行政效率，管仲很早就意识到了这一点。似乎因为曾经走南闯北经商游历，管仲对人性有着更深的感悟，他绝对是"人性本恶"的坚定信奉者，因为他不认为靠道德上的自觉就能将国家治理得井然有序，即自始至终他都不相信"君子"存在。

没有制度，道德就是一纸空文，继而会衍生出一群伪君子。

对于这些伪君子，管仲专门将其分为四种，告知齐桓公必须慎重对待。这四种人是：标榜道德但做不到仁，这种人不能授予国家大权；见到贤能但不能谦让，这种人不能授予尊贵的爵位；对亲戚、权贵该罚不罚，这种人不能统率军队；不重视农业，不努力生产，却轻率地征收赋税，这种人不能担任地方官吏。

这是因为，在管仲眼中，如果掌握大权的官员得不到众人支持、地位尊贵的大臣不能协调一致、统率军队的将领不能令人畏惧、百姓们不能安居乐业，只要有一项这个国家就危险了。

齐桓公深以为然。

管仲向齐桓公提出改革的建议时，齐桓公举双手赞成。但随后，管仲就直接地表达了自己的顾虑："我出身低贱，没有威望，虽然国君尊敬我，但恐怕齐国贵族们不会买账呀！"

要知道，尊卑贵贱之别在当时是个十分严肃且尖锐的问题，管仲的担忧也似乎早就被齐桓公想到了。这位意气风发的国君给出的回应干脆果决：给管仲盖起豪华的宅邸，并将国都商业税收的三分之一作为他的俸禄，又下令齐国人不得直呼管仲的名"夷吾"。纵然是他本人也要毕恭毕敬地尊称管仲为"仲父"。没错，此举实际上是赋予了管仲高阶的贵族身份。

管仲在取得世人瞩目的功绩之前，就被齐桓公给予各种提拔，这算得上是齐桓公的人才投资。

这场齐桓公力挺、管仲主导、强宗大族积极配合，后来在历史上被点赞无数的改革，终于如火如荼地进行开来了。

2　军政改革：从"三其国而五其鄙"到"四民分治"

从大量历史记载可以看到，齐桓公和管仲进行的改革涉及政治、军事、经济、文化等诸多方面，是一次对已开始出现疲态的齐国所进行的"由内而外的呵护"。在考虑了当时齐国现状之后，管仲首先做了行政管理方面的改革。

管仲对行政管理制度的改革，可简单概括为"国野分治"。所谓"国"，即国都，居住其中的人称为"国人"；所谓"野"，又称"鄙"，是指国都之外的广大乡野地区，居住其中的人被称为"野人"。一般而言，国人就是城市居民，主要包括各级贵族、手工业者、商人和奴隶，而野人则主要是农民。

首先，管仲规定将国都地区划分为"三其国"。即，五家为一"轨"，十轨为一"里"，四里为一"连"，十连为一"乡"，各设官长。由此，国都被划分为二十一个乡。其中包括六个工商乡，十五个士乡。工商乡负责商业和手工业的运作，士乡的成员主要是齐国的低级贵族，负责作战。齐桓公、高氏、国氏各自掌管五个士乡。

其次，管仲在乡野地区也进行了类似的规划，即"五其鄙"。以三十户为一"邑"，十邑为一"卒"，十卒为一"乡"，三乡为一"县"，十县为一"属"，各设官长。全国共分五属，由五大夫负责。每年正月，五大夫把各属的情况向齐桓公汇报。

这种制度也被称为"三其国而五其鄙"。

这种制度让齐国自上而下形成一个整体，无论地方上有任何风吹草动，中央都能在第一时间觉察。而且更为重要的是，颁布的法令也更容易推广实施。又因明确了贵族的职权范围而提高了行政效率，相比之前杂乱无章的局面，显然能"更好地传达上级的指示和精神"。

在"三其国而五其鄙"的基础上，管仲还明确了"四民分治"制度。

这种制度规定：国野之间各阶层不得任意迁徙，也不得混居杂处。商人就要住在工商乡专心经商，兵士就要居住在士乡专心备战，农民就要住在乡野专心务农。同时，商人的儿子还要做商人，士兵的儿子还要做士兵，农民的儿子还要做农民……我们可以将其总结为：士农工商，界限分明，晨鸡夜犬，各司其职，世袭罔替，一丝不乱。在今天看来这种有些呆板僵化的制度，在当时却能最大限度地开发齐国人力和技术资源的潜力。

齐桓公最初对"改革"产生兴趣，也许最大的动力是对军事实力的迅速提升。刚刚即位时，一向求胜心切的他只想以见效最快的战争来开创霸业。尤其在长勺之战大败后，齐桓公更是迫不及待地要组建一支能横扫千军的劲旅。所以，齐国的军事改革是无论如何也绕不过去的。

这次军事改革简单来说就是"寓兵于民"，即将军事和民众捆绑在一起，实现兵民一体，所以又被称为"作内政而寓军令"。管仲规定，遇到战争时，齐国百姓（士、农、工、商）要快速集结，每家出一人，五人为一伍，五十人为一小戎，由里司率领；二百人为一卒，由连长带领；二千人为一旅，由乡良人带领；五乡一万人，一万人为一军，由五乡元帅率领。齐桓公、高氏、国氏各自统领一军。

　　然后，齐桓公又在管仲的帮助下，细致要求这些乡必须保证围墙的修筑、道路的统一规划，另外还要控制人口的进出。如果出现不按时进出、衣服不合乎穿着规定、外来客人表现异常等，立刻层层汇报，以保证没有间谍混入。如果发现了才能出众者，却没有被提拔的，也要层层汇报，以保证没有贤人被弃之于野。这些汇报的事件与结果，必须每三个月一次统计入册，每半年进行一次查验进展，无进展的要追究当事人责任。

　　对于齐国这种人口众多且经济发达的诸侯国来说，军事力量并不会差到哪里去，因为仅仅人口众多就已经解决了兵源问题，经济发达更是解决了兵器问题。齐国最大的问题不在"战备"，它最大的问题出现在"战争进行时"。

　　长勺之战中，齐国作战人员多于鲁国，武器装备也比鲁国精良，但最终竟出人意料地战败了。究其原因，客观上是鲁国军队采取了避实击虚的策略，主观上是齐国军队对战争形势的变化措手不及，不能迅速做出反应——说白了，这是将士素质的问题。所谓"强兵"，其实很大限度上不是要加强装备，而是要改造士兵的内心。只有内心强大了，士气才会高涨，而士气绝对是冷兵器时代取胜的关键。历史上以少胜多、以弱胜强、以小博大的经典战例，其获胜的前提条件无不是拥有高昂的士气。

　　另外，通过长勺之战的惨败，齐国人看清了一个事实。那就是："兵者诡道"的思想正在为越来越多的人所接受，先前那种堂堂正正正面对决的战争形式已不合时宜，齐国人只有变得善战且"狡诈"，才能应对将来的战争问题！

　　为此，管仲规定：每年春、秋两季要组织军队进行大规模狩猎活动，目的是提高军队的应变能力和作战能力。同时他再次重申百姓不得随意迁徙的法令，目的是让邻里之间朝夕相处，因相互熟悉而能团结协作，一旦战争爆发，人们通过容貌和声音就能轻松分辨敌我，反应迅速，自然对战事有利。

为了让齐国军事力量更上一层楼，管仲还提出：治军必须遵循八条原则，分别是：积聚财富、选拔工匠、制造兵器、选拔士兵、加强教育与管理、抓紧军事训练、掌握各国情报、懂得时机策略。这八条必须做到天下第一，才能在军队还未开出国内之时，对方就望风而降，继而才能有统领天下的可能。

而且，每个高明的君主都特别会用兵。他们会一手打击需要打击的对手，另一手扶植对自己有用的伙伴，能做到收放自如，便能起到敲山震虎的作用。

管仲推行的政治和军事方面的改革在齐国进展得非常顺利，这也表明聪明的管仲在切中要害的同时并未触犯某些权贵的利益，与后世动辄死人（商鞅）、备受阻挠（孝文帝）、饱受非议（王安石）、人走茶凉（张居正）的改革相比，管仲在齐国的改革一直顺风顺水，而且一直有大多数群体受益，而这正是中国人最喜欢看到的"皆大欢喜"的圆满结局。

然而，管仲最为现代人所称道的，不是政治和军事方面的业绩，而是他在经济领域所表现出来的惊人才华。管仲推行的经济改革，大都记录在《管子》一书中。这本书是后人记载的管仲的言行录，看过这本书后，你一定会大吃一惊，因为在普遍重农抑商的古代中国出现这种先进而完备的经济理念，实在让人瞠目结舌——管仲真是当之无愧的"经济大师"。

3 经济大师的"无兵"之战

发展经济，即让自己的钱包鼓起来，这既是国家强大的一个标志，也是让国家强大起来的助力。

春秋时代的人们已经不讳言金钱财利，对财富的渴望也已经是一件被摆到桌面上的公开事。齐桓公明白，想要得到更为精良的武器和更为坚固的战车，想要支持更为长久的作战计划，那么"钱"必不可少。因为，拉动战车的不是马，而是金钱。

一个政府获得钱财的途径无外乎是税收。齐桓公理所当然地想到通过税收来增加收入。不过，在经济学方面，他显然是个门外汉，因为他曾建议管仲：对齐国境内的人口、牲畜、房屋、田地，乃至桑梓树木都进行征税。

我们知道，简单而粗暴的办法，一定是个蠢办法。

齐桓公天真地认为，只要扩大征税范围就能提高征税效率，但他忽略了被征税对象的心理感受。殊不知，历史上许多暴动和起义都是在类似的横征暴敛中发生的。

不过，幸好有管仲，他马上否决了齐桓公的这个糟糕透顶的提议。

齐桓公遂问管仲有什么办法。

这时，管仲信心满满地说出了自己的方案："唯官山海为可耳！"①

管仲的这句话，你只需要记住一个关键词就可以了：官山海。

那么，"官山海"是什么意思呢？

在古代，有两种资源，极其宝贵又与所有人息息相关：一个是铁，一个是盐。铁从山中采，盐从海中出；一铁一盐，一山一海。而所谓"官山海"，就是指盐铁官营，也就是由官方控制盐铁经济。管仲开创的"官山海"制度，影响中国长达 2000 余年。

官山海制度的内容是：食盐资源和铁矿资源全部为政府所有，民间不得私自晒制和开采，亦不得私自买卖；实行官督民产，即由齐国政府将盐田和矿山承包给民间，规定百姓在特定时间、特定区域晒制食盐和开采铁矿。而后，齐国相应官署会对盐、铁进行统一收购、运输、加工和销售；承包户和齐国政府按产值三七分成。

管仲曾就食盐官营一项给齐桓公罗列了一笔账目：在有能力筹备 1 万乘战车的国家，约有人口 1000 万，如果纳税人口为 100 万，每人每月征收 30 钱，一个月也就区区 3000 万钱；而齐国实行计口售盐，即按照户籍人口数量来规定和调整食盐的销售量，在此制度下，如果每升盐增加 2 钱，每月即可多得 6000 万钱，这个惊人的数字是远超过每个月 30 钱的人头税的。

"官山海"制度的最直接效果就是充盈了国库，令财政不再是让齐桓公头疼的问题。而且这种以经济手段为幌子的征税方式，远胜过齐桓公提出的那种无孔不入的横征暴敛，对于国家的稳定也起到了至

---

① 《管子·海王》。

关重要的作用。随后，盐铁官营制度便成为今后 2000 余年盛行不衰的宝典，这是管仲的一大建树，他因此得到了"盐宗"的美称。

历史学家普遍认同的一个观点是：人类文明出现的标志是城市。也就是说，城市一出现，人类文明也就出现了。因此，城市规模就成为衡量文明发达程度的一个重要指标。目前所知的第一个人类文明苏美尔文明，就是在此起彼伏的城邦中崛起的，紧随其后的古埃及、赫梯、殷商……无不是建立在城市的基础之上。

之所以将城市作为文明的标志，大概是出于这种考量：村落依旧是社群动物的栖息地。换言之，一间间茅草房其实就是动物巢穴的变种，和狼群、狮群的栖息地没有本质上的区别，目的依旧是休憩和遮风挡雨。

而城市则不同。

首先，城市的建造难度显然要远大于村落，城市出现就证明人类有足够的劳动力和更高的智慧。城市中不仅有适合人居住的房屋，还有满足各种其他需要的设施，比如排水排污系统、军事防御系统等，这些系统都并不局限于满足休息或遮风挡雨等初步需求，这就证明人类已经不再满足于单一地"活下去"，而是有了更高的目标——活得好！

其次，生活在城市的人群大部分是手工业者，而手工业是衡量人类创造能力的重要标准。实际上我们常说的手工业者就是我们通常所说的"手艺人"，比如铁匠、裁缝、皮革匠、木匠等。与农民为城市居民提供食物不同，他们的职责是为城市人口和农村人口提供生活用品用具，其中包括如锅、碗、瓢、盆等的基础生活用品，也包括如漆器、铜器等的高级奢侈品。一般而言，城市的规模越大，手工业者的数量也就越庞大，手工业的水平也就越高，文明的程度也就越高。

齐国都城临淄，即今山东淄博市临淄区，是当时世界上最大的城市之一。在中学语文课本收录的先秦散文《晏子使楚》中，便有三个成语形象地描绘了春秋时临淄城的空前盛况：张袂成阴、挥汗成雨、比肩继踵。拥有如此宏大规模的临淄，不难想象其手工业之发达程度。

在进行行政管理方面的改革时，管仲明确了"四民分治"制度，即按照出身和职业属性，将百姓划分为士、农、工、商四类。同时规定他们分类聚居，士与士聚居，农民与农民聚居，工商业者与工商业者聚居，四民之间不得随意迁居。

而且，改革规定职业世袭，强调子承父业，不得随意变更职业。这个规定并非特别针对手工业者，但其效果在手工业者身上最明显：在聚居的情况下，手工业者可以更好地与同行进行交流，彼此学习经验，并且也比较容易形成流水线作业。比如，有人生产箭杆，有人生产箭镞，有人生产箭羽，而流水作业是效率最高的生产方式。此外，由于职业世袭，就可以形成世代为业的专业家族，技艺会越来越精湛，所生产用品用具的质量就得到了保障。

在后来的战国时期，中国开始以丝绸而闻名欧洲，中亚和西亚一些善于经商的游牧民族开拓出一条"草原丝路"。他们成群结队，骑马而来，几经辗转，将中国的丝绸运到了欧洲。在大大小小的希腊城邦中，贵族们将这种来自东方的美丽布料视为珍宝，"赛里斯"（意为"丝"）因此成为欧洲人对中国最早的称呼……可以想象一下这个场景：毕达哥拉斯、苏格拉底等大哲，身穿华美的中国丝绸，慷慨激昂地给整个西方文明授课——这真是让人心动的一幕。

与一般人印象中不同的是，中国出现的第一个大规模丝织品中心不是在后来被称为"江南"的吴越，而是在北方的齐国。齐国都城临淄是当时世界上最大的丝织品集散地，聚居在一起的丝绸织造世家将中国丝绸的质量推上一个高峰，继而又产出许多闻名遐迩的丝绸。这些丝织品不仅能供应齐国贵族，还成为重要的出口品，以至于形成了"天下之人冠带衣履，皆仰齐地"的盛况。

在经历 15—18 世纪的大航海时代和工业革命之后，西方文明崛起，欧洲人开始掌握对全世界的主导权。中华帝国，这个在他们祖先口中以各种辉煌、伟大、美丽形象出现的传奇文明国度，如今已近在咫尺。1793 年，英国特使马戛尔尼代表英王乔治三世向清朝皇帝乾隆递交国书，请求清政府开放宁波、天津、广州等港口城市，作为两国互通有无的贸易口岸。

没错，直到 2000 年后，近代进入中国的西方人最初的想法仍是：与地大物博的中华帝国成为亲密的生意伙伴。

西方社会有着浓厚的海洋商业文明基因，经商是他们的天性。凭着商人的敏锐直觉，他们认为幅员辽阔的中国拥有极为广阔的市场，所以不能说他们最初对中国伸出手来完全是包藏祸心的举动。

在热河行宫逍遥自在的乾隆皇帝看了看英国人带来的"贡品"：包括当时世界上最先进的天文地理仪器、燧发枪、火炮及蒸汽车模型……可是乾隆皇帝对这些先进玩意儿嗤之以鼻，然后言语傲慢地答复了英国人马戛尔尼："天朝物产丰盈，无所不有，原不借外夷以通有无！"——我大清帝国要啥有啥，不和任何人做买卖！

西方人第一次递交的合作协议，就这样被乾隆皇帝义正词严地回绝了。

而这一回绝，就再无平等签订协议的可能。

很快，中国随处可见的贫穷、麻木，以及统治者的无知、狂妄，强烈激发了海洋民族的强盗本性。仅仅半个多世纪后，英国人就以鸦片打开中国国门，中国从此陷入兵连祸结、任人宰割的万丈深渊。

想当年汉武帝凿穿西域，并数次派遣使者探索西方，与众多中亚、西亚和欧洲国家建立起外交和通商关系，丝绸之路随之兴起，大汉天子及其统治的国度遂成为西方人的偶像。南北朝时期虽然战乱频仍，但丝绸之路并未衰落，中国的陶瓷、丝绸、茶叶连续不断地运抵西方，使得"桃花石帝国"的声名远播。到了唐代，丝绸之路又迎来它的另一个"货运高峰期"，唐代对外贸易之发达，今人绞尽脑汁恐怕也难以想象出那个画面。当时，往来穿梭的商队络绎不绝地通过丝绸之路，将"天可汗"的威名传遍世界各个角落……

距离乾隆皇帝千年之远的中国先民，尚有积极与世界互通有无的意识，可到了全世界已步入"近代"的清朝，康熙、乾隆等这些被御用文人吹捧的专制君主却还在意淫"老子天下第一"。

闭关锁国的封闭式国家可不仅仅是空气不好那么简单。一般而言，这样的国家一定会有一大堆难以启齿的病痛，因此被开放国家和民族视为愚昧落后的代名词。清朝无疑是一个典型案例。清统治者已经没有胆量让自己的被统治者放眼看世界。

但是，在乾隆皇帝 2400 年之前的春秋初年，管仲就已完美地造就了一个农耕国家积极与外界交流的范例。

齐国一方面鼓励本国商人"走出去"，一方面积极地将外国商人"引进来"。放在今天说，就是对外投资的同时吸引外资。为了让更多商人到齐国来经商，管仲大致推行了三种优惠政策。

第一种，减少征税。"征于关者，勿征于市；征于市者，勿征于关。"意思是说，对那些到齐国经商的外商，只征收一种税：已缴纳关税的，不再征收市场税；已缴纳市场税的，不再征收关税。而且齐国政府还经常对某些商品实行特定时期内不征税的优惠政策。

第二种，保护外商权益。对于苛待外商的齐国官吏，一经查明，立即严厉惩处，并制定了与之配套的法律条例。

第三种，生活优待。在《管子·轻重乙》中记载，如果外商拉一车货物到齐国，齐国政府将给商队免费提供饮食；如果拉三车货物，则另外免费提供马匹饲料；如果拉五车货物，齐国政府还会为外商配备专人，伺候他们的饮食起居。

这些惠商政策，对于"唯利是图"的商人来说，自然充满诱惑。马上，来自不同国家的商队开始络绎不绝地进入临淄城，齐国的商业圈越来越繁忙，工商业日渐兴旺发达。对于齐国人来说，那一声声"吱吱呀呀"的车轮声，不仅是车轮声，而是来自各国的钱币掉进自家钱袋子所发出的悦耳响声。

华夏民族历来崇尚节俭，而在小农意识浓重的中国民间，所谓"节俭"，大概等同于"不舍得吃不舍得喝"，或是等同于"新三年，旧三年，缝缝补补又三年"。但当中国人弄懂了经济运行的规律之后，官方也会鼓励消费、拉动内需，促进经济的发展。早在春秋初年，崇尚节俭的华夏先民便在管仲的倡导下，进行过这样的实验。

身为一国之相，管仲不但鼓励人们多穿绚丽多彩的绫罗绸缎，还鼓励人们建造高大华美的殿宇厅堂。而且他自己也绝对"以身作则"，穿的都是最好的裁缝用最好的布料做成的衣服，住的是最好的工匠用最好的砖瓦木料建造的广厦大屋。

管仲身为国家最高级公务员，却极尽奢华。但当时的管仲不但没有受到非议，反而还得到人们的支持和赞同。

这真是奇怪！

其实，管仲的理论用一句话就可以概括：如果不修建高大的宫殿，齐国生产的木材就无法正常销售。他甚至还说过这样的话：鸡蛋要在壳上画了图案之后再吃，木材要先雕刻成艺术品再烧！

这其实就是在大肆宣扬：不是奢侈品也要创造奢侈品，可以低消费的偏偏要高消费！

这种看上去颇有点气焰嚣张的叫嚣之语，可能会招致很多人的嗤之以鼻，认为这是劳民伤财的浪费之举。但如果细想一下，则不难发现管仲的良苦用心和高明之处：按照平民的经济水平，他们是难以做到"吃有图案的鸡蛋"的，有这种消费能力的不是达官显贵就是富商巨贾，管仲鼓励奢侈消费的对象，恰恰就是这些人——背后的受益者却是生活困苦的平民阶层。管仲鼓励人们穿绫罗绸缎，正是为了促进养蚕和缫丝业的发展，给桑农和纺织工生产的商品扩大销路；他鼓励人们建造富丽堂皇的房屋，正是为了促进木材的销售，给建筑工匠提供更多的利益。

这种政策，让富贵者的钱财落入贫穷者的腰包，说白了就是通过改变消费观念来拉动内需，从而发展生产力，进一步缩小贫富差距。这一举动既满足了富贵者的虚荣心，又满足了贫苦者的物质需求。两全其美，齐国人何乐而不为？

管仲的经济改革使得齐国一跃成为一线商业大国。看着一车一车的各种货币塞满国家府库，齐桓公很可能会说："妈妈再也不用担心我的国库空虚问题了！"他由衷地敬服管仲。

由于府库充盈，到齐桓公十九年，关卡与市场的赋税已降为五十税一；农田税两年收一次，上等田十税三，中等田十税二，下等田十税一。

不过，已经让齐桓公刮目相看的"仲父"还没把本事全都使出来。这位运用经济规律的大师，还将动用他的经济学知识去完成从前只有战车才能完成的事。

齐桓公以武力使鲁国屈服后，对外战争随之告一段落，这与管仲的政策有关。因为管仲向来不支持在与别国解决问题时诉诸武力，在管仲看来，战争不但劳民伤财，而且即便取得了胜利，也往往会付出十分惨痛的代价。同时，这也和齐桓公本人思想觉悟和政治能力的提高有关，与几年前刚即位时的"愣头青"相比，此时的齐桓公小白已相当沉稳老练。

在管仲和齐桓公的主导下，齐国的国策已经得到调整，已做到不到万不得已，绝不用兵。除非某个诸侯极其"无道"，齐国人才会举起那面"五侯九伯，汝实可征之"的政治大旗。

此时的华夏大地越来越不太平，诸侯国之间的矛盾越来越激烈，各诸侯国并没有停息斗争，华夏诸侯反而加倍地明争暗斗，而且乐此不疲。几乎每个国家、每块封地上的每个人都意识到了他们所处的时代变化，开始出现一大批高瞻远瞩的能人贤士，诸侯和贵族都在努力改变自己的面貌，他们都希望自己成为这场激烈博弈的最终赢家。

为了赢得这场考验综合实力的竞赛，管仲可谓无所不用其极。他采用了一系列方案，其中几个驾驭经济规律的事例，绝对是让人拍案叫绝的大手笔。他未动齐国的一兵一卒，却让其他诸侯噤若寒蝉，畏之如虎。

当时，中原地区有一种丝绸，名为"绨"，这种丝绸材质厚实且光滑，大量流行于当时的华夏市场。而绨主要出产于鲁国和梁国（今陕西韩城）。基于之前与鲁国的仇怨，管仲思考后，遂让齐桓公下令，命令齐国的达官显贵都要穿戴这种料子，而且大肆宣扬这种布料的华丽和实用。一时之间，穿绨之气蔚然成风，后来连普通百姓也开始纷纷效仿，争相购买这种布料。很快，市面上绨的价格迅速暴涨。

鲁、梁两国见绨在齐国这样受欢迎，料想销路必定不错，便都下令：全国百姓无论手工业者还是农民，都去织绨！而两国百姓也尝到了庞大利润的甜头，遂放下手中的工作去织绨。

而举国上下尽织绨的结果是：农田被大量荒废。

第二年，管仲又让齐桓公严令禁止齐国人穿绨，同时对鲁、梁两国关闭市场，不准鲁、梁两国的一尺绨进入齐国，也不准齐国一粒粮进入鲁、梁两国。结果，鲁国和梁国囤积的大量的绨卖不出去。两国不仅没有一分钱进账，又因为农田荒芜，很快闹起饥荒，人人饿得前胸贴后背。两国的统治者却对这种情形无计可施，一时之间民怨沸腾，对无能的政府失望到了极点。

而这时，齐国又放出了一个消息：齐侯将为灾民开仓赈济，提供粮食，帮助他们度过灾年。随之，鲁、梁两国百姓纷纷涌入齐国，去者十之有六。这些人不但给齐国带来了大量钱财（去年买绨的钱又回来了），还带来各种生产技术（比如织绨的方法），齐国人力和技术实力暴增，鲁国和梁国却因此元气大伤。

与此类似的一个事例是"买鹿制楚"。楚国是南方大国，鼎盛时期领土拥有今湖北、湖南、安徽、浙江的大部分地区。与传统的华夏诸侯相比，楚国一直是个比较另类的国家。它原本是汉江流域一个方圆不过五十里的子爵小邦，靠着不断征伐而崛起为南方一等一的强国。楚人既有比肩中原的精良兵器，又有不输南蛮的好勇斗狠。

齐桓公和管仲与其他国家的人一样，对穷兵黩武的楚国没有好感。鉴于楚国对中原地区的巨大威胁，管仲曾设下一个经济圈套，让楚国在很长一段时间内不敢对北方耀武扬威。

管仲派了一支百余人的商队到楚国，在楚国都城街头招摇地购买梅花鹿，并放出话去："齐国君主爱鹿，将不惜重金，大量购买，充实齐国苑囿！"

消息一出，整个楚国都城闹得沸沸扬扬，人们纷纷奔走相告，说齐国要倾尽家财来购买梅花鹿了。

楚王立刻召集贵族们进行商议，他们得出一个涉及道德但跟经济毫不相关的结论：公元前660年，卫国君主卫懿公因大肆豢养白鹤而亡国，如今齐国君主喜爱梅花鹿，并不惜重金进行购买，必定也会像卫国一样元气大伤。于是，楚国君臣在朝堂通过了一项决议：不惜一切代价，捕捉大批梅花鹿，然后卖给齐国。

楚国商人开始面向民间大量收购梅花鹿。

即使在生态环境良好的春秋时期，鹿也是比较稀有的动物。而想要得到为数众多的鹿，唯一的办法就是人力捕捉。但梅花鹿行动灵敏，纵是经验丰富的猎人捕捉一头鹿也颇费气力。然而，梅花鹿价格不菲，在金灿灿的齐国刀币诱惑下，楚国的农民和手工业者开始放弃本职工作，纷纷加入捕鹿的洪流。一时之间，楚国的山野之间到处都是捕鹿人。

随着鹿的数量越来越少，其价格也越来越高昂，发展到后来，一头模样好的鹿，其价格竟与千斤粮食相当！

在巨大的金钱诱惑面前，楚国的士兵们也偷偷放下兵器，换上捕鹿的工具，加入捕鹿者的队伍之中。

这样一来，楚国的"四民"士、农、工、商，几乎全都放弃了本职工作，天天一睁眼就围着鹿打转，而农业和手工业基本荒废，军事训练也基本停顿，唯一兴盛的是倒腾梅花鹿的，而齐国人知道这种"兴盛"的背后隐藏着什么……第二年，楚国钱库中钱币堆积如山，粮仓却空空如也，饥饿的楚人这才开始着急，楚国统治者急忙让楚国商人向外国商人购粮。

然而，楚国人却得到如下答复：中原各国不会卖一粒粮食给你们荆蛮！

这时的齐桓公已经被诸侯公推为霸主，有了号令天下诸侯的资本，不准各诸侯国卖粮给楚国的号令，正是他下达的。

直到此时，饥肠辘辘、兵困马乏的楚国人才弄清楚了齐国购鹿的真实意图，可这时一切都已经晚了。随后，齐桓公亲率八路诸侯、百万大军浩浩荡荡陈兵于江汉平原的楚国边境，随时准备渡江击楚。楚国上下一片惊惧，楚王只好向齐桓公请降。

还有一个事例名为"买狐降代"，大致经过类似，就不再详述了。由此可见，管仲对这种经济规律的运用是有多么轻车熟路。"不战而屈人之兵"是后世"兵圣"孙武的战争思想，但率先做到这一点的，竟然是这位一打仗就做逃兵的"管跑跑"！

4　重立"国之四维"

"礼崩乐坏"一词，是孔子对春秋时代社会局面所做的一个全面总结。透过这四个字，不难发现这位热衷重建社会秩序的思想家对当时社会的痛心疾首。

任何一位思想家都不是横空出世的，他们都是本民族文化的继承者。即便孔子这样被后世尊称为"圣人"的伟大思想家，充斥在他脑袋中的思想也不是一朝一夕就形成的，甚至不是他独创的，而是他对历代先人的零星散乱的思想精华的总结。孔子本人十分敬重齐桓公，在评价春秋五霸中的前两位时，孔子曾这样饱含深情地说道："晋文公谲而不正，齐桓公正而不谲。"[①]意思是，晋文公喜欢耍阴谋诡计，为人奸诈、阴暗；而齐桓公光明、坦荡，有天真赤子之心。齐桓公的时代是一个转折的时代，越是这种转折的时代，越是容易出现"天使"与"魔鬼"的对决，这个时代对孔子儒家思想的产生无疑有着至关重要的影响。

中国历史步入春秋时期后，生产力的快速发展让人们有能力去创造更优越的物质条件。与此同时，社会结构也在悄然发生转变：天

---

①　《论语·宪问》。

子和诸侯、诸侯和诸侯、大夫和大夫、诸侯和大夫之间的严密关系开始松动，他们由相互依存转而开始角逐争斗，"君君臣臣父父子子"的秩序遭到了破坏。这种变化形成了一股新浪潮，冲击着西周以来以"礼乐"为代表的道德体系，从而造成"礼崩乐坏"的局面。

简单地说，这个时代的人——无论是天子和诸侯，还是大夫、士以及平民，总之具体到社会中的每一个人，都早已"三观不正"了。

而齐桓公做的事，就是在修补千疮百孔的社会秩序同时，找到一条新的道路。很多不了解春秋历史的人，很容易将齐桓公看成和秦始皇、汉武帝、曹操等帝王将相一样的人，认为他所做的一切无外乎一个目的：获得至高无上的统治权。若是对齐桓公有这种看法，那绝对是一种让人伤心的误读——的确，现代中国人已经难以理解祖先的不凡气度了！

实际上，春秋时代的齐桓公相较于战国时代以及之后的帝王是截然不同的。可以肯定的是，齐桓公一生都在追求至高无上的"荣誉"。他积极争霸的一生中，付出了许多。他是政治家诚然不错，但他首先是个货真价实的"君子"。

齐桓公不计个人得失而利天下的行为，似乎让人难以理解。但如果你弄懂了他所处的时代，那么对齐桓公的作为就不会感到疑惑了。为避免枯燥的说教，我在这里要讲三个故事，对你了解春秋时代的独特气质一定有所帮助。

这是三个让现代人听起来感觉像是天方夜谭，但又真实发生过的故事。

第一个故事，主人公是宋襄公。

前面说过，宋国在周王朝存在的 800 年中，一直处于一个非常尴尬的地位，在其他诸侯眼中，宋国人泥古不化、迂腐至极，而"迂腐"印象的形成就与这位宋襄公有着莫大关联。

宋襄公名兹甫，是宋桓公嫡长子。宋桓公病重时，将年纪尚幼的兹甫叫到榻前，要将他立为储君。但兹甫推辞说："儿子年幼，恐怕治理不好国家。不如将君位传给庶兄目夷，他年纪比我长，而且有仁爱之心，可以胜任国君之位。"

宋桓公将兹甫的想法说给公子目夷，公子目夷也忙推辞："我本是庶子，既有嫡子，便没有庶子即位的道理，何况太子兹甫有让国之贤，一定能治理好宋国，儿子无德无能，不敢僭越即位！"随后，为了表示自己的坚定信念，公子目夷毅然决然地离开了宋国。

在宋国大夫的拥护下，太子兹甫成为宋国国君。

但宋襄公在史书中一战成名，是因为一场战争——一场让他惨败的战争、一场让他毁誉参半的战争、一场至今说不清孰是孰非的战争。

宋襄公主要活动于齐桓公后期及其去世以后。此前，作为齐桓公霸业的得力助手，他和齐桓公之间的关系相当不错。齐桓公去世后，宋襄公见齐国霸主地位开始动摇，便下定决心继承齐桓公未竟的事业，率领宋国称霸。

但是，齐桓公的死也让沉寂多年的楚国开始蠢蠢欲动。当时的国君楚成王也想称霸，于是楚、宋两国之间的矛盾凸显出来，并最终爆发了"泓水之战"。

当时，宋襄公正在郑国境内，一直在寻找一个契机，攻打背弃诸侯国间的盟约投靠楚国的郑国。而楚成王为解郑国之困，派兵向宋国都城进发，并很快进入宋国境内。

宋襄公得知楚成王已派兵攻向宋国国都时，唯恐国内生乱，立刻率军归国，然后在泓水（古河流，故道在今河南柘城县西北）与楚国军队不期而遇。宋襄公决定迎战，遂在泓水北岸整顿队形，严阵以待。

楚国统帅看到河对岸的宋军，下令军队抢滩登陆。楚国士兵纷纷向河对岸冲去。

公子目夷见状，忙劝宋襄公说："楚兵多，宋军少，我们现在应该趁他们渡河而突袭，打他个措手不及。相信一定能以少胜多！"

在多年以前，也有过一次以少胜多的长勺之战。但或许在宋襄公眼中，那场战争真正的输家是鲁国——鲁国人公然违背战争规则，破坏了传承数百年的贵族传统，完全失掉了仁义，无疑是地地道道的小人做派！因此听到这种建议，宋襄公讶异地望着公子目夷："怎能有这种想法？怎能在别人渡河时发动攻击呢？我们怎能做出这种无耻举动来呢！"

公子目夷接连苦劝，无奈宋襄公一直坚持自己的主张，不做有失仁义的举动。

随之，战场上便发生了这样一幕：全体宋军静默地在泓水北岸看着楚军渡河。

因为没有遇到一点阻拦，楚国大军很快就顺利渡过泓水，然后在河岸上快速地重新列阵。

公子目夷望着楚军因重新列阵而凌乱不堪，便再次劝说宋襄公："现在楚国人乱作一团，只要我们趁乱冲上去，一定能将楚国人打败！"

宋襄公却摇头说："这怎么可以？要等对手将阵形整理好再

开战！"

终于，楚国军队排好了阵形。而后，在楚人响彻云霄的喊杀声中，楚国大军一拥而上，如狼似虎，气势凶猛，宋国军队被击败了。

战乱中，宋襄公本人被射中大腿，几个月后便因伤势过重而去世，宋国从此一蹶不振，永远失去了称霸的可能，并很快沦为不入流的蕞尔小邦。

第二个故事，名叫"二桃杀三士"。

齐桓公的后人齐景公（与孔子同时代）喜欢豢养勇士。当时，齐国有三个著名的大力士，他们分别是田开疆、公孙接和古冶子。三位力士都投到齐景公门下，齐景公也对他们特别器重。久而久之，三人开始自视甚高，继而发展到目中无人，甚至见了位高权重的国相晏婴都不行礼。可是由于三人都出自齐国有名望的家族，现在又受到国君的宠信，因此即便他们在临淄城惹是生非，也无人敢过问。这一切，让注重礼仪制度的晏婴甚为担忧。

一天，晏婴觐见齐景公称：三勇士"上无君臣之义，下无长率之伦"。即没礼貌，没规矩，他们不仅与齐国主流价值观相悖，而且威胁到了国君的名誉和权威。所以，应该将他们全部杀掉。

这位晏婴之于齐景公，就好比管仲之于齐桓公。齐景公听晏婴的话就像齐桓公听管仲的话一样，遂同意了他的请求。可是，齐景公有忧虑：普通人难以将三勇士杀死，因为这三人都是以一当百的勇猛之士；而且，三人都出自齐国的强宗大族，毫无来由地将其诛杀，只怕会引起其族人不满。

晏婴却淡然地说："杀此三人，何必动刀动枪？"然后，他向齐景公说出了自己早已准备好的计策。齐景公听后大赞，决定依计而行。

不日，齐景公设下宴席，邀请三位勇士参加。席间，晏婴忽然端出来两枚水灵灵的大蜜桃，对三位勇士说："三位都是英雄豪杰，勇猛无比，君上特让晏婴摘下鲜桃让三位品尝！只是，果园中成熟的桃子只有这两枚，人多桃少，难以分配。所以，希望三位勇士各自诉说自己的功劳，唯功劳大者才配吃这桃子！"

晏婴话音刚落，性子急的公孙接就迫不及待地说："我公孙接曾在密林中杀死野猪，也曾在山中打死猛虎，亲手除掉这两个祸害后，受到人们的称赞！以这样的勇猛，难道还不配吃一个桃子吗？"说着，伸手抢过一个桃子，吧唧吧唧两口吃完了。

一见公孙接拿吃了桃子，田开疆也急忙说："真正的勇士，应当击退来犯的强敌！我曾经驰骋疆场、奋勇杀敌，不仅捍卫了君上的尊严，也保证了百姓的安全！以我的勇猛和功劳，难道不配吃一个桃子吗？"说罢也拿过一个桃子。

古冶子是个慢性子，而且羞于与人争抢，所以一直没有开口。但很快他就发现不开口的结果是两个桃子都被别人拿走了，又急又气又委屈的他遂愤怒地冲二人说："你们两个人，只是一个杀虎，一个杀人，就认为自己功劳最大。殊不知当年我保护国君渡河时，国君的马被河中的大鼋（一种巨型甲鱼）咬住。国君跌落河中时是我救下国君，又在河中游了九里，最终将大鼋杀死！河中凶险，人们都以为我必死无疑，所以当我提着大鼋的头从河中走出时，众人都诧异地以为我是河神！——我的勇猛和功劳难道不如你们吗？两位的桃子难道吃得心安理得吗！"说罢，古冶子抽出了腰中寒光闪闪的佩剑，一副要拼命的架势。

听了古冶子的话，公孙接和田开疆羞愧满面。只见二人捶胸顿足叹道："我们不及古冶子勇猛，也没有他那样大的功劳，却恬不知耻地吃掉了桃子，以至于最该吃桃子的人一无所得！区区一个桃子，就暴露了我们的贪婪和无耻！真是羞耻啊！羞耻！"于是，二人为了表示自己的悔恨，保全自己的名节，拔出剑来，自刎而死。

看见倒在地上的两位朋友，古冶子先是大惊，而后幡然悔悟："我们三人是朋友，今天我却为了一个桃子而与他们决裂，以致他们命丧黄泉，这是不仁；我吹捧自己、贬低朋友，这是不义；我做了错事，感到悔恨，如果不敢欣然赴死，则是无勇！"说罢，古冶子也自刎而死，追随两位勇士而去。

就这样，齐景公和晏婴这对君臣，只用了两个桃子，就达到了他们铲除三位勇士的目的。

第三个故事，主人公则是一个"刺客"。

《史记》中有一篇《刺客列传》，专门写春秋到西汉初年的知名刺客，读来慷慨悲歌、荡气回肠。所谓刺客，就是"刺杀人的人"，但司马迁笔下的刺客中，好几个并不是职业杀手，他们去行刺别人，往往另有缘由。当然，其中最有代表性的是广为人知的荆轲。他做的事是刺杀秦始皇。但由于荆轲是战国末期的人，故不以他举例，我现在要讲的，是与孔子同时代的一个著名刺客——豫让。

豫让是晋国人。早先，晋国有六大家族：范氏、中行氏、智氏、赵氏、韩氏和魏氏，六家宗主共同执掌晋国朝政，合称"六卿"。豫让自幼练就了高超的武艺，是一名典型的武士，他先投到范氏门下，却不得重用；又转投中行氏的门下，依旧不得重用。那时，晋国六卿阳奉阴违、明争暗斗，不久，智氏带领赵、韩、魏三家，灭掉了范氏和中行氏。于是，豫让又转投到智氏门下，成为智氏家臣。

智氏当主就是历史上大名鼎鼎的智伯，名"瑶"，又称"智伯瑶"。智伯很欣赏豫让，二人关系十分密切。

在智伯的经营下，在晋国日益形成智氏一家独大的局面，智伯位居晋国正卿，大权独揽。但是，智伯为人凶狠残忍，一贯飞扬跋扈，他一心想灭掉赵、韩、魏三家而独霸晋国，因此常以各种借口向三家索要人口、财物、土地，妄图以此削弱他们的实力。而且，因缺乏必要的政治智慧，他还常对三家的家主进行人身攻击。比如，他就曾嘲笑赵氏当主赵勿恤的出身，嘲笑韩氏当主韩虎的名字。

然而，智伯的跋扈行径非但没有达到削弱对手的目的，反而逼得赵、韩、魏三家开始私下里秘密联合。不久，智伯胁迫韩、魏两家一同攻打拒绝贡献土地的赵氏，三家联军将赵氏一族围困于晋阳（今山西太原）长达两年之久。其间，智伯水灌晋阳，城内赵氏一族苦不堪言，甚至到了悬釜而炊、易子而食的地步，但始终无一人出城投降。

因为韩氏和魏氏的据城之外都有大河，而且智伯在得意时也明显流露出过将以同样手段对付韩、魏两家的意思，韩、魏两家忧心忡忡。不久，山穷水尽的赵氏派家臣出城秘密策反，韩氏和魏氏忽然倒戈，与晋阳城中的赵氏一同反攻智氏，将其击败，最终导致智氏一族诛灭。

赵氏当主赵勿恤，即史书所称赵襄子。赵襄子对智伯恨得咬牙切齿，砍下他的脑袋，涂以胶漆，做成饮酒的器具，以此来泄愤。树倒猢狲散，智氏灭族，他的族众和家臣作鸟兽散，纷纷逃亡各地。因此，赵襄子丝毫不担心遭受来自智氏的报复。

当智氏的家臣们都转而投奔其他贵族保命时，豫让却孤身一人逃到了山中，并说出了那句流传千古的话——士为知己者死！

与其他智氏家臣不同的是，他认为自己受智伯知遇之恩，理应为其复仇。从此他改名更姓，伪装成受刑之人，不显山不露水。他来到赵襄子府上，做了一名修缮茅厕的工匠，伺机刺杀赵襄子。

有一天，赵襄子尿急，来到厕所门外，忽然一阵心慌，感觉哪里不对劲（第六感觉极强），遂急忙叫来卫士。卫士们冲进厕所，立时拉出了握着匕首的豫让。豫让的身份就此暴露。

赵襄子质问豫让："你为何行刺我？"

豫让说："豫让为智氏家臣，自然要为死去的主公报仇！"

左右卫士一听，拔剑要杀豫让。赵襄子却阻拦说："豫让真义士也！智氏已然身死族灭，先生身为家臣，不忘为主君复仇，这不就是天下之大贤吗！——你们不要杀他，以后我多加小心，躲他远点就是了。"不但不做处罚，还当即命人将其释放。

受此不杀之恩，豫让心存感激，但并没有因此放弃为智伯报仇的念头。现在，赵襄子已经见过他，熟悉了他的容貌和声音，行刺的难度更大了。于是，豫让将具有腐蚀性的漆涂在身上，让皮肤溃烂，长出痈疮；又吞下烧红的木炭弄坏喉咙，使声音嘶哑；再穿上破衣烂衫，乔装成乞丐。当他以这个形象从自家门口经过时，与自己生活多年的妻子都没有认出他就是失踪已久的丈夫。

不久后，他在街上遇到了自己的一位故友。二人相认。那位朋友放声痛哭，而后说道："以你的才华去服侍赵氏宗主，一定会受到他的重用，又何必把自己弄得这样悲惨呢！"

豫让却说："如果投到赵氏门下而又一心想着杀他，这是身为人臣却怀有二心，断不可取！况且，我做出这样的举动，正是想告诫那些怀有二心的人臣！"说罢，豫让离开朋友，继续寻找机会刺杀赵襄子。

不久，赵襄子出行，来到一座桥前，坐骑忽然受惊。赵襄子疑虑重重，便让卫兵到桥下的芦苇荡中去搜索，果然豫让又被拖了出来。

见到面目全非的豫让，赵襄子又急又气又悲又敬，不由十分委屈地问道："先生以前也曾侍奉范氏和中行氏，后来智氏灭掉他们两家，先生不但没有为他们报仇，还成了智氏家臣。为何我杀智伯，你便紧抓不放？"

豫让回答："范氏和中行氏对待我像是对待普通人，所以我就用普通人的方式报答他；智伯对待我像是对待国士，所以我就用国士的方式报答他！"

赵襄子听了，失声痛哭。而后一边流泪一边说："先生矢志不渝为智伯复仇，如今已名扬天下。我释放先生一次，也得到了世人的赞誉——得到这些，你我二人都应该感到满足了！如今先生又来行刺，恕我终究不能再将你放过！"

豫让说："今日受死，心甘情愿。只是，豫让请君侯将所穿衣物交给我，让我击杀衣物，以作复仇之意。"

赵襄子急忙将自己的衣服脱下来交给豫让。豫让将衣服放在地上，连刺三剑，而后仰天长叹："豫让赴黄泉，可对主公有个交代啦！"说罢，拔剑自刎。

读中国历史，尤其是"靠前"的部分时，常常会在不知不觉中被一些人物、一些事件瞬间震撼到。我们的祖先总说"后生可畏"，而我却要说：先贤可畏！

这三个故事中的主人公，无一例外，都是为了"荣誉"而看淡生死之人。也只有在这个时代，才能诞生这样的人。同样的事，如果发生在其他朝代，尤其是发生在科举制度诞生之后，人们可能仅凭直觉就感到不真实、不可信。

而齐桓公的那个时代，身上自然有那个时代的烙印——他的性格、思维方式以及处事方式，无不受到那个时代的影响。

齐桓公是标准的贵族。但与今人所理解的"贵族"有所不同的是，春秋时期贵族之"贵"，不在于你是否抱着贵宾犬、开着法拉利，而是强调在道德修为、文化素养以及最重要的责任担当上，是带有浓厚儒家色彩的"君子"。它所表达的，其实是一种理想的人格状态。

贵族是讲究"范儿"的。范儿不是作秀，也不是派头，更不是排场，因为这些都是他们所不屑的暴发户的做派。

贵族死到临头也要衣衫整洁地微笑相迎，贵族漆身吞炭也要以报知遇之恩，贵族敢于直言面斥君王的荒淫无度……贵族就是光明正大，就是急公好义，就是自利利他……货真价实的贵族，有涵养，有风度，有才华，有情操，有责任心，有荣誉感。

贵族是一种自信，更是一种自尊。

齐桓公一生，尊奉天子、九合诸侯、驱除外辱，其实都是完成自己身为一个贵族的分内之事，尽他的责任。

春秋时代的礼崩乐坏，是一种全面的崩坏，即受到坏影响的并非某一个阶层，而是"全民"。但因为相关史料的匮乏，我们无法得知当时平民阶层的具体情况，而我们想要深入地了解春秋社会的崩坏，只能通过史书中所出现的有关贵族的记载。而其中最有表现力度的，恐怕就是"弑君潮"的出现。

弑君，即杀掉一国之君，弑君者的杀人动机多是自立为国君或另立其支持对象为国君，反正最终目的就是获得更多的政治利益。在中国传统社会中，"弑君杀父"是最恶劣的罪行，秦始皇统一中国后，中国出现了众多有且只有一位君主的帝国，弑君的案例只发生在个别动荡的时期，比如东汉末年和唐朝末年。春秋时代出现的这场弑君潮，不但来得突然而且持久，一直到春秋时代结束，这种弑杀君主的风潮才渐渐止息。因此我认为，"弑君"这个词甚至可以成为春秋时代的一个标签。

下面是一份春秋时期的"弑君记录"（以"春秋三传"等一手资料为准，此处"春秋"时间范围定为前722—前418年）：

前719年，卫国公子州吁弑杀兄长卫桓公，为春秋弑君潮之滥觞；

前712年，鲁国公子挥杀兄长鲁隐公；

前710年，宋国大夫华督杀宋殇公；

前708年，晋国宗室曲沃武公使韩万杀晋哀侯；

前705年，晋国曲沃武公又杀晋小子侯；

前698年，秦国大庶长弗忌、威垒、三父共杀秦出公；

前695年，郑国大夫高渠弥杀郑昭公；

前686年，齐国公孙无知杀齐襄公；

前682年，宋国大夫南宫长万杀宋闵公；

前680年，郑国大夫杀国君郑子婴；

前679年，晋国曲沃武公又杀晋侯缗；

前662年，鲁国公子庆父杀国君公子般；

前661年，鲁国公子庆父又杀鲁闵公；

前651年，晋国大夫里克杀国君奚齐、悼子；

前 642 年，齐国大夫杀国君无诡；

前 636 年，晋国公子重耳杀其侄子晋怀公；

前 626 年，楚国太子商臣杀父亲楚成王；

前 613 年，齐国公子商人杀兄长齐昭公；

前 611 年，宋国公子鲍杀兄长宋昭公；

前 609 年，齐国人杀齐懿公；

前 609 年，鲁国公子遂杀国君恶；

前 609 年，莒国太子仆杀父亲莒厉公；

前 607 年，晋国大夫赵穿杀晋灵公；

前 605 年，郑国公子归生杀郑灵公；

前 599 年，陈国大夫夏征舒杀陈灵公；

前 573 年，晋国大夫程滑杀晋厉公；

前 566 年，郑国公子騑杀郑僖公；

前 548 年，齐国大夫崔杼杀齐庄公；

前 547 年，卫国大夫宁喜杀卫殇公；

前 543 年，蔡国太子般杀父亲蔡景侯；

前 543 年，莒国公子展舆杀父亲莒犁比公；

前 541 年，楚国公子围杀国君楚郏敖；

前 523 年，许国太子止杀父亲许悼公；

前 514 年，吴国公子光杀堂弟吴王僚；

前 491 年，蔡国大夫杀蔡昭侯；

前 489 年，齐国大夫杀国君齐晏孺子；

前 485 年，齐国大夫鲍牧杀齐悼公；

前 481 年，齐国大夫田恒杀齐简公。

实际上，在《史记》等诸多资料中，还有更多关于春秋时期小国弑君的记载。但即便这些，也足以让我们触目惊心了。的确，当我们翻看春秋三百年间那一桩桩残忍的血案，就不难理解孔子的痛苦和哀伤了。秩序不再，规则不再，人与人的和谐联结不再，整个社会进入一种暴戾状态。一国之君尚且说杀就杀，可以想象大夫与大夫之间的争斗更是残酷至极。

春秋，这是一个鲜血遍地的时代！

虽然春秋时代的道德体系遭受冲击并迅速崩坏，但仍有很多人坚守在已经支离破碎的传统价值观之上，这些心怀天下苍生的有识之士痛惜眼前的惨痛局面，决心做些什么。于是，重塑价值观的呼声日渐高涨，而正是这些人的不懈努力，才有了公孙接们、才有了豫让们。一个人的呐喊固然能唤醒一座沉睡的大山，但这也需要时机和运气，个人的能力毕竟有限；为数不多的仁人志士虽前赴后继，其力量也略显单薄，大海由涓涓细流汇聚而成，但未必所有的涓涓细流都能汇入大海。

如果说个人的努力是涓涓细流，那么一个国家的体量能做出的努力无疑是滚滚洪流。而齐桓公治理下的齐国，就成为这股"弘扬社会正能量"的滚滚洪流的第一波。

有些历史学者认为，管仲开创了一种新的政治模式，即"霸道政治"。在此之前，周王朝是典型的"王道政治"。王道注重礼乐教化，注重伦理道德，讲求以德服众；而霸道注重的是综合实力，强调以力治人。管仲霸道政治的最大特点就是为发展实力而无所不用其极。因而，他所做的很多事，身为君主的齐桓公是做不来的。作为诸侯的代表，作为一个"贵族"，作为一个"君子"，齐桓公只能坚持不懈地维护王道政治，他要去褒善贬恶，要去匡正抑邪，要去扩散正能量……无疑与管仲的"好事坏事都做"形成了鲜明对比。

当然，也正因如此，齐桓公才离不开管仲。

齐国的精神文化建设可用一句话来概括：仓廪实而知礼节、衣食足而知荣辱。管仲认为：民以食为天。只要有吃有穿，丰衣足食，就等于摆脱了饥饿的危险、摆脱了穷困交加，还获得了富足充裕。那么，百姓的道德水平自然会达到一个高度。

精神文明建设的前提是物质水平的提高，所以，管仲一上台就大力发展齐国经济。在管仲的精心治理下，齐国不久便一跃成为当时最富强的国家。齐国人的腰包更鼓了、吃得更饱了、穿得更暖了……心态自然更好了。

清朝乾隆皇帝说过一句话：青山秀水才子佳人，穷山恶水泼妇刁民。这句话说明了一个道理，即自己都吃不饱的人，是不会把面包拱手让人的。人类的道德观念伴随着生产力的提高而产生，一个人第一次对一个素昧平生的饥渴之人赠以果实这种事，一定发生在他自己还有许多果实的前提下。试想，在经常食不果腹的蛮荒时代，在连最基本的人身安全都无法保证的早期原始社会，多半不会发生与他人共享这种让人备感温暖的事。

可是，管仲又深知，仅以物质水平的提高来对民众的道德进行"自然矫正"是不够的。因为，如果只是这样，那齐国与其他国家相比，并无本质区别，即在精神文明建设方面也没有任何高明和优越之处；而且，道德上的缺陷一旦形成，再弥补就是一件相当困难的事，并非只靠物质水平的提高就能彻底予以补救。

此时，齐桓公的霸业需要的是一个不同于其他国家的上层建筑，既然经济上做了华夏世界的领头羊，那么文化上也应该成为天下诸侯的楷模！

对于拥有悠久历史、厚重积淀的民族来说，重拾已经丢失的传统比新建一种体系更为便捷，也更为有效，其原因是成本更低。在抓齐国的精神文明建设时，管仲在总结华夏传统文化的基础上，具体地提出了"礼义廉耻"的概念。

"国有四维，一维绝则倾，二维绝则危，三维绝则覆，四维绝则灭。倾可正也，危可安也，覆可起也，灭不可复错也。何谓四维？一曰礼，二曰义，三曰廉，四曰耻。礼不逾节，义不自进，廉不蔽恶，耻不从枉。故不逾节则上位安，不自进则民无巧诈，不蔽恶则行自全，不从枉则邪事不生。"

这段话出自《管子·牧民》，深刻体现出管仲的思辨方式和思维模式。管仲认为，一个国家的精神文化有"四维"，"维"就是"纲"，即一张网中最重要的总绳，或说是作为标准的准绳。

这四维分别是：礼、义、廉、耻。

因为是准绳，所以地位就至关重要。如果抛弃四维，后果则不堪设想——缺了一维，国家就会倾斜；缺了两维，国家就会有危险；缺了三维，国家就会颠覆；缺了四维，国家就会灭亡。国家倾斜可以扶正，国家危险可以挽救，国家倾覆可以再起，而一旦国家灭亡，就再也无法挽救了。

那么，为什么管仲认为"礼义廉耻"是"国之四维"，而不是其他某种道德规范呢？

所谓"礼"，就是礼仪规范，用孔子的话说就是"君君臣臣父父子子"。它代表的是一种秩序，有"礼"，人们就不会违背社会规范，就不会打乱社会秩序，也就不会产生动乱。

所谓"义"，就是公正与合理。即不为自己的利益扭曲事实，也不去欺诈诓骗别人。

所谓"廉"，指正直、清廉，不贪图不属于自己的东西。

所谓"耻"，即耻辱感，或称羞耻之心。有羞耻之心，就不会对公共道德熟视无睹，就不会做违背公序良俗的事。

在了解"礼义廉耻"的大致含义后，我们不难发现，管仲应该拥护的是"人性本恶"。因为在他的制度构建里，我们能发现他以一种防备的姿态、以一种对待坏人的心理，把人类群体看成潜在的"小人"，而不得不用"礼义廉耻"作为一种约束。

而且，在管仲这里，"廉耻"显然比"礼义"更为重要。"礼义"多半与"礼仪"相关，而礼仪是注重形式的，既然有个形式在里面，那么就有装样子的可能——至少能做给人看。因此，也就诞生了"伪君子"；而是否"廉耻"，只有自己最清楚：无耻则无所不为，不廉则无所不取，不知廉耻就无所顾忌，既不关心别人损失，也不计较社会舆论，这就是典型的"真小人"。

由此可见，在"不知廉耻"面前，"礼义"根本不堪一击。

一个人，如果知廉知耻，那么这个社会也就基本安定了。因为，一个知道廉耻的人，一定不会去做危害他人的事；而一个没有害人之心的人，想得到"礼义"上的升华，也不是什么难事。

所以，"廉耻"是国民精神文化建设的重中之重。

大哉管子！

普通人不知廉耻，会有辱门楣，是家耻；官员不知廉耻，会祸国殃民，是国耻；天下人无论高低贵贱都不知廉耻，那就不仅是家耻国耻的问题，而是"生存还是毁灭"的问题。纵观中国历史，多少不知廉耻的人在文字里被反复鞭尸。

然而，中国也是幸运的，因为每个糟糕的时代都有有识之士站出来。他们可能没有"改变这个世界"的想法，但他们通过自己的努力，给中国人做出了榜样，给浑浑噩噩的中国人当头棒喝，使得中华文明得以继往开来，薪火相传。

是的，齐桓公和管仲的诸多努力，当然不是无用功。

一个国家的官方文化通常会决定这个国家以什么形象出现在国际舞台。比如，春秋时代的人们之所以厌恶楚国，主要是因为楚文化与其他文化大相径庭：一方面，他们拥有和中原相近的文明水平；另一方面，他们又拥有南蛮诸族的性格，野蛮好战，不太秉承中原诸侯的礼仪规范。如此一来，楚国这个"荆蛮"招人讨厌就在所难免了。齐桓公和管仲的努力，无疑让深感世风日下的华夏人眼前一亮；齐国的形象，也一下子就在诸侯国中间高大起来，成了文明标杆大国。

更为重要的是，齐桓公作为一国之君。他在奉行这些道德文化时，就像虔诚的教徒履行神圣的宗教仪轨一般。这在其他人看来，既是激励，也是鞭策。随之而来的，则是人们对他的信服。如下文的"大义灭亲"之举。

先君齐襄公唯一的女儿哀姜，即齐桓公的侄女，和她的姑姑宣姜、文姜一样美艳无双，堪称绝代佳人。但冥冥中似乎有一种力量，令她也跟其他几位齐国公族女子一样成为"祸国红颜"，因她的美貌而引发了一场危及整个国家的动乱。

前668年，即鲁庄公二十四年，鲁庄公亲自到齐国迎娶哀姜为君夫人。为表示对齐国的敬重，鲁庄公对大国公女哀姜给予超出常规的待遇。即让宗室命妇们献上丝帛，而不是常规的红枣和黄豆。无疑，这违背了当时的礼制。

或许，就是这个超常的礼仪，让美艳的哀姜心生狂妄。哀姜很清楚，她的母邦齐国，既是大国又是战胜国，而且前几代嫁到鲁国的姑母、祖姑母都在鲁国享有威望。如今，她本人受到这种非常规待遇，自然是"合情合理"的。也正是这一原因，在无形中助长了她的骄横。所以，她一到鲁国，就显示出一种明显的强势。

鲁庄公有三个兄弟：庆父、叔牙、季友。在这三人中，庆父最为跋扈，他在鲁国结党营私，作威作福，鲁庄公也难以辖制。哀姜虽是国君夫人，却与鲁庄公没什么感情，而为所欲为的庆父因为经常入宫，结果反而叔嫂二人相谈甚欢。哀姜仰慕庆父的狂野气质，庆父爱慕她的绝世容颜。一来二去，叔嫂二人做起了苟且之事。

鲁庄公三十二年，鲁庄公病重。然而他心头有一件放不下的事，那就是身为正室的宣姜没有为他生下子嗣。没有嫡长子，立储自然成为一个大问题。于是，他找来三弟公子叔牙，向他征求意见，寻求合适人选。

其实，叔牙本人就有做国君的意愿。但他有自知之明，知道自己实力弱小、在国内威望不高，所以并不敢毛遂自荐。他想了想后，便向鲁庄公推荐了他的死党庆父："庆父是先君之爱子，理应继位！"

鲁庄公却不表态，遣走叔牙，又召见四弟公子季友。

公子季友见问，态度很明确："父死子继，理应立君上的庶子公子般！"

虽然是庶子，但终归是自己的儿子。因此，立公子般才是鲁庄公的真实用意。见小弟季友和自己想法一样，鲁庄公便将他视为亲信。

不久，他又小心翼翼地嘱咐：老三叔牙是庆父的鹰犬，必须铲除，否则我的儿子难以继承君位！

季友答应了兄长。

不久，公子季友悄悄地毒杀了公子叔牙。

次年，鲁庄公去世，公子季友先发制人，将鲁庄公庶子公子般扶上君位。慢了一步的庆父虽怀恨在心，慑于季友足智多谋、慑于他在鲁国的崇高威望，并不敢拿他怎么样。但是，季友忘记的是相比他自己，年轻的侄儿国君更容易被干掉。庆父开始和哀姜密谋，弑杀刚刚即位的公子般。

当时，宫廷内有一个养马人，力大无穷，曾经受过鲁庄公的责打，并因此怀恨在心。庆父知道后，便对他加以挑唆，大致说了些"父债子偿"之类的话。结果，受到蛊惑的养马人一怒之下，杀掉了新君公子般。

公子季友知道这是庆父一党的阴谋，亦知道自己已身处危险之中。为了安全，他急忙逃往陈国避难。

慑于鲁国的舆论压力，弑君成功的庆父并不敢登上君位，而是扶立哀姜的养子公子启，即鲁闵公即位。

八月，不甘心受庆父和哀姜操纵的鲁闵公和齐桓公在落姑会面，请求齐桓公帮助流亡在陈国的公子季友回国，希冀借公子季友之力来对抗庆父，进而巩固自己的统治。

齐桓公也清楚公子季友在鲁国的地位，便派人去迎请公子季友。为表敬重，鲁闵公亲自在鲁国境内的郎地等待季友归来。

但是，仅仅几个月之后，恣意妄为的庆父就联合哀姜秘密杀掉了鲁闵公，鲁国因此大乱。而后，庆父大言不惭地宣称自己是鲁桓公爱子、鲁庄公之弟，理应登上鲁国君位。

与此同时，悲愤的公子季友并未与庆父、哀姜正面冲突，而是带着鲁庄公的另一个儿子公子申逃往邾国。在异国他邦，季友不断发出文告，号召鲁国人除掉祸乱国家的庆父和哀姜。

庆父从年轻时就到处作威作福，其名声在鲁国早就臭不可闻。加之公子季友的不断舆论输出，鲁国人对他的不满越来越强烈。不久，鲁国便爆发国人暴动，曲阜人群起而攻之，围困了鲁公宫。

庆父见国人来势汹汹，不敢应战，抛下情人哀姜，仓皇逃往莒国。恼怒而无奈的哀姜见大事不妙，也离开曲阜，逃往邾国。

公子季友看准时机，急忙带公子申回国。公子申即位，即鲁僖公。紧接着，季友又与莒国交涉，逼迫莒国交出庆父。莒国人早就知道庆父的恶行，不想因为一个臭名昭著的恶人而得罪鲁国。因此，他们将庆父交给季友，季友将庆父杀死。

因哀姜是齐国公女，所以鲁国没有向邾国要人，似有听之任之、任其自生自灭的意思。

这时，齐桓公却派使者赶赴邾国，将侄女哀姜带回齐国。在齐国，齐桓公当众历数其罪行，然后将其处死。

哀姜参与策划杀害两人，至少是罪有应得了。但对齐桓公来说，自己的侄女弑君杀子，祸乱国政，不得不予以严惩。如果说豫让自残复仇的行为是在警示所有的"人臣"，那么齐桓公则是在用大义灭亲的举动警示所有的"人君"。

更何况，对于齐桓公来说，他的路才刚刚开始。

春秋战国时代的有识之士们知道社会价值观丧失的可怕，正因如此，才有了孔子的落寞、庄子的孤傲、孟子的愤慨与韩非子的冷酷……看似不同的学说，其实殊途同归，这些人都在竭尽所能来改变——或者说"改正"——这个社会。而在诸子百家出现之前的春秋初叶，齐桓公和管仲开了先河，无论是他们的行动还是他们的思想，无疑都对后世诸子百家的兴盛有着极其重要的影响。

5   百姓——国家的根基

在这里，我先讲一个小故事，再引出下文。

有一次，齐桓公外出打猎，来到一个陌生的山谷。在山谷中，他遇到一位老人，便问老人山谷的名字。

老人看了齐桓公一眼，不甚恭敬地说："愚公之谷！"

齐桓公听后诧异道："为何叫'愚公之谷'呢？"

老人说："人们以我的名字给山谷命名，所以叫愚公之谷！"

齐桓公打量老人片刻，笑着说："寡人看你也不像是愚蠢的人啊，为何叫这样一个可笑的名字呢？"

老人说："君上请听我说。原先啊，我养了一头母牛，母牛产下一头小牛，后来我用小牛换了一匹小马。结果，有天忽然来了个年轻人。他蛮横地说：'母牛怎能生出小马驹来？这匹小马分明就是我的！'然后，强行把小马拉走了。人们让我去追，把小马要回来。但是我没有去追，所以人们都叫我愚公。"

齐桓公听后不假思索地说："是你的就是你的，是你的却不去要。老人家果然是个'愚公'啊！"

次日上朝，齐桓公将这件事讲给管仲，管仲却从故事中听出别的意思来。他急忙正了正衣冠，谦卑恭敬地给齐桓公行大礼。

　　齐桓公不明所以，问管仲这是什么意思。

　　管仲正色道："君上恕罪，这实在是我的过失啊！如果是唐尧（上古明君）为国君，皋陶（上古清官）为法官，怎会发生这种强行夺取别人马驹的事呢？更不会有人像这位老人一样，明明被勒索了也不敢追讨自己的东西！这位老者之所以忍痛将马驹交给别人，其实是因为他知道诉讼不公，即便是去打官司也多半不能得到帮助！——请君上允许我赶紧去修明政治，以免再次发生类似的事！"

　　齐桓公这时已经回过味儿来，谷中老者那不甚友好的表情和言辞其实是在讽刺他：身为一国之君却无视民生。或者说是在用他的方式表达对齐国社会风气的不满。齐桓公不禁倍感汗颜，急忙让管仲去处理这件事，杜绝此类事情再次发生。

　　其实，管仲主政齐国后仅四十天，就前后五次督行了九种惠民利民政策，这一系列政策为：一、老老；二、慈幼；三、恤孤；四、养疾；五、合独；六、问病；七、通劳；八、赈困；九、接绝。所谓老老，即在齐国的各城邑和国都内设置名为"掌老"的官职，负责相关事务，规定：年七十以上的老人，一子免除征役，每年三个月由政府馈赠肉食；八十以上的，二子免征役，每月馈肉；九十以上的，全家免征役，每天有酒、肉供应。这些老人去世了，由齐国君主提供棺椁。同时，负责官员要进行监督，还要劝勉他们的子孙儿女，善待老人，务要事无巨细，询问老人所需，掌握老人的生活习惯，了解老人饮食嗜好。慈幼，是在城邑和国都设置名为"掌幼"官，凡齐国百姓，有幼弱子女而抚养困难的，若是三个幼儿即可免除一人"妇征"，四个全家免除"妇征"，五个由国家配备保姆，帮助抚养幼儿，并发放两人份额的粮食，直到幼儿能生活自理为止。恤孤，是在城邑和国都内设置"掌孤"官，百姓死后，其子女孤幼而不能独自生活的，交由同乡、熟人、故旧抚养。代养一个孤儿的人家，一子免除征役；代养两个，两子免除征役；代养三个，全家免除征役。因为孤儿年幼，因此"掌孤"官要经常了解情况，掌握孤儿的衣食饱暖和身体健康，从而进行干涉和救助，保证孤幼平安地长大成人。养疾，是在城邑和国都内设置"掌养疾"官，凡聋、盲、喑、哑、瘸、瘫等身有残疾而影响正常生活的，就由政府养在"疾馆"，并供给衣食，直到身死为止。合独，是在城邑和国都内设置"掌媒"官，男子没有妻室叫作鳏，女子没有丈夫叫作寡，而掌媒官则要负责撮合鳏寡，让他们成家，并给予住房和田地，三年后再由国家为其提供职役。问病，是在城邑和国都内设置"掌病"官，齐国百姓身患疾病，则由掌病官以君主旨意慰问：对于九十岁以上的老人，每天一问；八十以上，两天一问；七十以上，三天一问；一般病人，五天一问。对于病重者，则要向上报告，由君主亲自慰问。平时，"掌病"官要在国内四处巡行，以慰问病人为专职。所谓通穷，就是在城邑和国都内设置"通穷"官，如果有贫穷夫妇没有居处，贫穷客居者没有粮食，其所在乡里及时报告的，给予赏赐；不报告的，给予惩罚。所谓赈困，就是在灾荒年份要对关在牢中的犯人和做工的赤贫之人减缓刑罚，发放粮食，供养他们生活。所谓接绝，就是在战争中有死者，或是为国尽忠的人，都要给他们的亲人、朋友、故旧领取钱物来祭祀他们。这九种措施，照顾到鳏寡孤独等社会弱势群体，旨在保证齐国百姓的基本生存权利，尊重生命，尊重具体个人，显而易见有着今人所说的"人道主义"，但这四个字其实还不能彻底阐释管仲的用意。齐桓公曾这样问管仲："我想修明政事以施行于天下，可以做到吗？"管仲回答可以。齐桓公问从哪里做起。管子说："从爱民做起。"齐桓公问："如何才是爱民之道？"管仲回答："国君治理好公族，大夫治理好家族，使他们和衷共济，互相扶助，互为补益，这样人民就亲睦了；宽放那些曾经犯罪的人，救助那些没落的宗族，为无后者立子嗣，人口就增加了；减少刑罚，轻徭薄赋，百姓就富裕了；各乡选用贤士，让他们施行教化，百姓就有礼了；国家政策不朝令夕改，人民就务正了。这些就是爱民之道。"

此前，齐桓公曾经这样问管仲："身为君主，应该把什么当作最宝贵的东西？"

管仲回答："天！"

齐桓公疑惑地仰着头看天。

管仲却摇摇手说："夷吾说的天，不是这个苍苍莽莽、无边无际的天。身为一国之君，应该把百姓当作自己的天！百姓归附，则家国社稷安；百姓辅助，则家国社稷强；百姓反对，则家国社稷危；百姓背离，则家国社稷亡！《诗经》中说'人而无良，相怨一方'。这即是说，如果百姓怨恨他们的君主，那么这个国家一定会灭亡！——古往今来，从无例外！"

齐桓公听进去了。自此后，他对待百姓的事情时如履薄冰，战战兢兢。这就是齐桓公身为统治者治理齐国百姓时所秉承的心态。他知道百姓的力量，也知道百姓的厉害。所以，他开始将民生放在首位，只有符合百姓利益的事，才是他最能放开手脚去做的事，否则就是自取灭亡。

这种思想，被称为"以民为本"，简称"民本"。

后世出现的儒、道、墨等诸子百家，也在不同程度上强调过民本思想。其中最著名的是孟子，特别是他那句名言"民为贵，社稷次之，君为轻"至今仍振聋发聩。而它所传达的，正是一种俯瞰人类文明之后的良知。可惜，历史上的统治者多半把这句话当成装点门面的工具：他们当着人的面说"水可载舟，亦可覆舟"，背地里却把孟子恨得要死，从未真正将百姓放在心上。他们往往只关注如何让自己的家族统治万世一系、永不断绝。

当然，也有演戏演得不好的，比如朱元璋。朱元璋是中国历史上第一位公开跟知识分子撕破脸的皇帝。在他之前的帝王，至少能连哄带骗地"请"士大夫们与他们共同治理国家。朱元璋却直接挑明了：读书人都是奴才。随后，他还明目张胆地抛弃了汉武帝、唐太宗、宋太祖等帝王的精湛演技，开始改用大棒驱使读书人为他们老朱家干活儿。

而在春秋时代，"君"与"民"之间的关系显然更加和谐。一个开明的君主是百姓最强大的保护伞，一群倾心拥戴的百姓是君主最稳固的基石。当然，这种关系必须是建立在"互惠互利"前提之上的。也只有这种互惠互利，才符合人性。也正因为少了虚伪，多了真实，更多人文关怀才成为可能。

齐桓公和管仲对本国民生的关注，远远超过后世皇帝，这是管仲的功劳，也是春秋时期大环境使然。当然，还有一个原因，即齐桓公吸取了齐襄公和公孙无知因失去民心而身坏命终的惨痛教训。

正因为以上的原因，齐桓公才特别喜欢微服私访，这样做的目的是通过与百姓的亲密接触来获得第一手信息。一次，他出城来到郊外。看到一户人家中有一位老者，便和老者攀谈起来。在闲谈中得知，老人有五个儿子，个个都是大龄剩男。也就是说，一家六个爷们儿，五个是光棍儿。

齐桓公不由纳闷："那为何不娶妻呢？"

老人苦笑摇头："老汉家贫，娶妻成家的花销令人咋舌，娶一个尚难，何况五个！就是要了老汉的命也做不到呀！"

齐桓公听了，回到宫中便立刻挑选了五个宫女，让人把她们送出宫，许配给老汉的五个儿子。当然，这样做并不能解决根本问题。所以，齐桓公又将公宫中数以百计的宫女遣返回乡，让她们出宫后尽快成婚，并以法令的形式规定男子三十岁必须娶妻，女子十五岁必须嫁人。这一举措在一定程度上缓解了娶妻难的社会问题，进而增加了齐国的人口。

6 人才——强国利器

我们谈及历史上威名显赫的伟大帝王，多半要将他们与"礼贤下士"这一美德联系起来。在中国几乎无人不晓的"三顾茅庐"故事，可谓其中典范。可在齐桓公时代，并没有这些事情发生。对齐桓公来说，唯一可以借鉴的就是，哥哥齐襄公是个生动而深刻的反面教材：刚愎自用，不知人，不识人，更不会用人，最终导致国家动荡，自己也惨遭屠戮，落得千古骂名。

与此同时，随着管仲的工作越来越出色，齐桓公也越来越意识到"人才"对国家的重要性，因此礼贤下士就成为他的一大特色。

为了获得各类人才，齐桓公煞费苦心。在古代，贵族接见重要宾客时，有一种十分特殊的礼节，即在庭院中燃起一堆篝火，谓之"庭燎"。齐桓公想用这种隆重的礼节欢迎天下宾客，让天下贤才皆为他所用。因此，他便在齐国公宫的庭院中燃起巨大的篝火，昭告天下：寡人将不拘一格，重用各种前来投靠的人才！

但这堆篝火烧了整整一年，齐桓公都没能看到一个人前来自荐，不免有些焦躁和失望。

有一天，一个乡下人忽然来到宫门前，对看守宫门的侍卫说："俺要见国君！"

侍卫上下打量眼前这个貌不惊人的乡下人，不由带着一脸嘲讽问道："国君又岂是你个乡巴佬儿想见就能见的！"

乡下人不服气地说："国君不是说要在天下选贤任能吗？所以俺就来了！"

侍卫感到好笑："君上要的是人才，你有何才能？"

乡下人不假思索地说："俺会背诵九九算术口诀！"

侍卫感到十分可笑，遂呵斥道："别捣乱！君上要的是匡扶社稷的贤才，你这算是什么才能？快走吧！"

乡下人不仅固执地不走，还争辩说："国君庭燎招贤，如今都一年了，却一个人都没有来，你知道是为啥？因为如今天下人都知道国君是一位贤君，以至于贤士们都认为自己难以与国君匹配，所以不敢前来。今天俺用九九算术口诀这样的小技巧来求见，不过是抛砖引玉罢了！你想呀，如果国君连我这样的人都召见，天下的贤才难道还不一个个都跑来投奔啊？"

侍卫听了，觉得这乡下人说得有理，便急忙向齐桓公禀报。齐桓公一听，立刻将乡下人请进公宫，奉为上宾，予以优待。

果然，这件事很快就传开了，短短两三个月间，便有各种各样的人才不约而同地云集临淄城。他们纷纷投到齐桓公门下，成为他治理齐国的栋梁之材。

当然，齐桓公也不是一直坐等各种人才毛遂自荐，他还经常纡尊降贵亲自去拜访名士，这在当时就传为美谈。

齐国有位贤士，名小臣稷，虽出身不高贵，但素有贤名。齐桓公闻名已久，便想去拜访他，向他请教治国之道。齐桓公到了小臣稷的家，却发现主人不在。他苦等无果，只好回宫。回到公宫不一会儿，齐桓公待不住，再次前往小臣稷的家中，小臣稷依旧不在，他只好再次返回公宫。齐桓公还是坐不住，没一会儿，又登门拜访，却还是没能见到小臣稷。可齐桓公并不死心。

这时，身边一位大夫不耐烦地说："君上乃千乘之国的君主，见一个区区布衣之士，一天拜访三次而不得见，可以就此作罢了吧！"

齐桓公颇不以为然地回驳道："轻视爵位与俸禄的士人，往往会轻视君主；轻视天下霸业的君主，往往也会轻视贤士。即便名士小臣稷不看重爵位俸禄而拒绝与寡人相见，寡人也不能不看重天下霸业呀！"

最后，不死心的齐桓公前后五次登门拜访，最终见到了小臣稷本人。

没错！这个故事与"三顾茅庐"何其相似！但事实上，齐桓公五访小臣稷与刘备"三顾茅庐"有很大差别：登门访士的齐桓公是当时天下最有威望的诸侯，是最强大的齐国君主，小臣稷不过是身份低微的乡野之人；而刘备拜访诸葛亮时，只是个没有一寸土地、寄人篱下的落魄军阀，反观诸葛亮早已是具有相当知名度的大名士。所以，齐桓公才是名副其实的"礼贤下士"。

第四章　尊王攘夷：霸业的顶峰

1　　拉大旗作虎皮

齐桓公北杏会盟之后，旨在平定宋国内乱的盟约出台。在会盟中，当事人宋国举双手赞成齐桓公的决定，不但尊齐桓公为盟主，而且还郑重声明：不会再让宋国发生父子、兄弟相残的内乱。

可北杏会盟结束没多久，宋国就公然无视盟约，数次挑衅鲁国并出兵杞国。

此时，齐桓公立刻召见管仲和鲍叔牙，要求他们提出良策。

管仲说：“君上，现在不是去解救的时刻。因为我们国内的政事还没整顿好，对外出兵便无人信服。我们必须整顿好内政，诸侯才能信服我们。”

齐桓公说：“此时不去，怕以后没机会讨伐宋国。”

管仲说：“您作为一位君主，不应该只贪图土地，因为贪图土地就得征兵、提高赋税，人民立刻就会产生反对之声，继而推翻您的。如今之计，最好就是派人用重金贿赂宋国，希望能不征伐杞国。如果宋国不同意，那么就想办法接纳杞国国君。”

齐桓公又问：“如果其他权臣非要我去救援呢？要知道，现在我国兵马的三分之二在高、国等大家族手中，他们完全可以用兵权胁迫我去救援。”

管仲想了想说："我有一计，就看您愿不愿意了。"

第二天，齐桓公就开始按照管仲的计策，假装事不关己高高挂起。他不仅不发兵救援杞国，还每天赤裸着上身，用绢帛缠住胸部，自称病得不想动脑筋。

管仲见状便问："君上真的不发兵救援吗？"

齐桓公没有直接回答，而是顾左右而言他："我们齐国富足有余，虽有1000年吃不完的粮食，但我的寿命也不过百岁。如今又病了，你就让我好好休息吧。"

管仲说："好的。"

然后齐桓公开始不理朝政，只是叫着一班艺人，每天给他唱歌跳舞。

在十多天里，大臣们连续进谏，要求齐桓公派兵去援助杞国。而齐桓公还是那句话："我们齐国富足有余，虽有1000年吃不完的粮食，但我的寿命也不过百岁。如今又病了，你们就让我好好休息吧。"

大家见齐桓公如此不可救药，也就不再进谏了。

一个月后，杞国灭亡，齐桓公一下子就"恢复"了正常。杞国国君逃到齐国，齐桓公当即封给他缘陵作为暂居之地。

齐桓公对于宋国这一背信弃义的举动大为光火。于前680年（齐桓公六年）再次邀约曾参加北杏会盟的陈、蔡两国，出兵攻打宋国。

但是，在出兵宋国前，齐桓公先大费周章地完成了另外一件事：派使者带着贵重礼物去洛邑朝见周天子。齐国使者来到洛邑，代表齐桓公恭恭敬敬地向周天子历数宋国任意废立国君、随意发动战争等罪行，而后请求周天子号令天下诸侯兴师问罪，讨伐宋国。

此时的周天子为周僖王，他的王位之所以能够稳固，可以说多依赖齐桓公之力。所以，他对齐桓公有非同寻常的感情。

周僖王名姬胡齐，是周庄王姬佗的嫡长子。按周制，应由他即位。但周庄王偏爱小儿子王子颓，因此流露出废长立幼的心迹。从这点即可判断周庄王也是好了伤疤忘了疼的庸主。因为，他也是长子，而且他的父亲周桓王也因喜欢幼子王子克而有废长立幼的意图，并最终引发了震惊华夏的"王子克之乱"。因为有前车之鉴，所以，对于这种有可能引发动乱的决定，周王室的卿士们百般阻挠，才最终保住了太子胡齐的储君之位。

周僖王刚登上王位，齐桓公立刻就精心准备了重金厚礼，让使者毕恭毕敬地前去朝觐，并声明齐国将坚定不移地捍卫天子的正统王位和嫡长子继承秩序。见齐桓公如此做，周僖王对齐桓公的满意之情溢于言表。

所以，当齐国使者再次来到洛邑时，周僖王十分客气地予以厚待。同时，绝处逢生的周王室也看到一丝希望，他们也想利用齐桓公的实力来重树天子威严。因此，周僖王严厉谴责了宋国的无道行径，肯定并称赞了齐桓公的举动，然后让卿士单伯带领王师，会同齐、陈、蔡等诸侯，出兵宋国。

遥想 28 年前，周桓王曾亲率王师并联合陈、蔡等国一同攻打郑国，结果却被郑国打得一败涂地。这次同样是周天子和诸侯国的联军，只不过郑国已变成宋国。虽然看起来似乎没有什么不同之处，但宋国人很清楚，现在的宋国没有以前郑国的实力，而联军的实力远胜当年——齐国军政改革已初见成效，之前鲁国惨败即是摆在眼前血淋淋的事实！

很快，旌旗猎猎的联军陈兵宋城（今河南商丘）郊外，声威之大俨然是要灭掉宋国的架势！

宋国人吓坏了。

出于对传统战争规则的尊重，齐桓公让大夫宁戚进入宋城劝说宋桓公。宁戚对宋桓公动之以情、晓之以理，最终说服他不战而降。宋桓公与宋国贵族出城向周天子请罪，并请求得到盟主齐桓公的原谅。

宋国人认了错，就没有再追究的必要。齐桓公严厉斥责了宋国君臣一番，而后各自撤军。

宋国人终于长出了一口气，从此再不敢无视周天子，更不敢无视齐桓公了。

但齐桓公要做的事还没完。为了巩固这次出兵宋国的效果，齐桓公决意再进行一次会盟，目的是再次明确诸侯们各自的职能范围。而与北杏会盟不同的是，这次齐桓公还想请一个特殊的成员来参加会盟。

没错，就是周王室。

齐桓公和周天子的联军到达宋城时，他能清晰地感觉到宋国人的恐惧，不但对齐国的强盛军力感到恐惧，还有对周天子的恐惧！百足之虫死而不僵，天子毕竟是天子。

或许就是从这时起，齐桓公决心一定要把被天下人忽视已久的周天子拉进自己的阵营之中，他不但要做"长子"，还要做一位"孝顺的长子"。他要给周天子足够的面子，他要高高举起周天子的大旗，他要将已经没落的周王室重新尊奉为一个至高无上的"符号"。

伐宋之战后第二年的冬天，即前679年，齐桓公在卫国境内的鄄地（今山东菏泽鄄城县）举行会盟，这次参加会盟的有宋、陈、卫、郑四个诸侯国。

除此外，还有周天子派来的代表单伯。

　　周天子派代表参加一位诸侯举行的会盟，这在当时可是破天荒的大事。人们已经见识到齐桓公的实力，如今他的这种实力业已得到周天子的承认，天下诸侯始料未及。因而，他们对齐桓公的态度再次发生转变。

　　在鄄地，齐桓公的一言一行皆表现出对周天子的敬重，这让周王室的代表受宠若惊。最终，周王室和诸侯们一致推举齐桓公为盟主。这表明，天子和诸侯不但承认了齐桓公的能力，还承认他的德行。

　　次年，齐桓公趁热打铁，又于幽地（今北京附近[①]）举行会盟。参加会盟的有鲁、宋、陈、卫、郑、许、滑、滕等国，可以说几乎囊括了当时华夏世界所有的二流大国。当时，综合国力与齐国不相上下的晋国正值曲沃武公内乱，因此无暇东顾，旗鼓相当的楚国则因自恃强大而没有买齐桓公的账，拒绝北上会盟。但这些都不妨碍齐桓公扩大他的影响力，诸侯们再次一致推举齐桓公为盟主。

　　幽地之盟，令齐桓公敲锣打鼓地为自己争取了仲裁国际事务、讨伐无道诸侯的特权。

　　而除了这些，还有一件事也被提上盟主齐桓公的日程，那就是对四方蛮夷的防御。此时，晋、燕、邢、卫等国正在遭受蛮夷戎狄的蹂躏。唇亡则齿寒，华夏诸国同气连枝，本为一体，齐桓公不得不开始筹建"统一战线"，抵御势如洪水、恶如豺狼的游牧族群。

　　虽然齐桓公已经稳稳地登上了一个高高的台阶，但霸主不是一天练成的，他未来还有很长的路要走。

---

　　①　一说今河南兰考。——编者注

2　"犯我中华，虽远必诛"：第一次游牧农耕大交锋

声名越来越显赫的齐桓公春风得意之时，突然发现东方还有一个更加严峻的考验正摆到他的面前——环伺四周、虎视眈眈的游牧族群，已开始对中原腹地发动猛烈进攻。

游牧民族，这是一个让汉民族心中充满矛盾的名词。历史上很多时候，汉民族一边蔑称他们"人面兽心"，一面又赞叹他们"天之骄子"。这是因为游牧民族长期以来没有文字，未能形成像汉民族这种严谨有序的史书记载，所以人们对这个族群的历史没有一个系统而全面的认识。

或许，正是因为相关记载的缺失，才更加凸显出这个族群的神秘。

其实，看似混乱不堪的中国北方游牧民族是有迹可循的。北方游牧民族主要有两大系统，从方位上可分为西部游牧族群和东部游牧族群。

西部游牧族群主要是匈奴支系，按时间顺序排列为：鬼方（商）——獯鬻（西周）——戎、狄（东周）——匈奴（秦、汉）——柔然、高车（南北朝）——突厥、回纥（隋、唐）——达旦或鞑靼（宋）——畏兀儿（明）——回部（清）。

东部游牧族群主要是东胡支系，按照时间排序为：肃慎（西周）——东胡（东周）——鲜卑、乌桓、勿吉（秦汉至南北朝）——室韦、靺鞨（隋、唐）——契丹、女真（宋）——蒙古、女真（元、明、清）。

上面所列游牧民族，或者文化相近，或者血缘相通，或者存在统属关系，或者有过密切接触，或者早已消亡于历史之中……当然，这个排列不是严谨的，更不是绝对的，因为游牧（渔猎）民族的流动性极强，相互之间进行接触、杂居、混血都是常事。所以，西方人也有将蒙古和匈奴、突厥列为一个世系的，但这是根据这三个民族势大后的活动范围而言。事实上，蒙古是室韦族的一支——蒙兀室韦，跟契丹民族一样，它们都是东胡的后裔。

站在比较"静态"的农耕民族的立场上看"动态"的游牧民族，需要一些宏观思维，要摆脱匈奴、东胡、契丹等名号对人们的影响，要将所有的游牧部落视为一个整体。空间上，这些部落之间的关系就像是齐国和鲁国的关系；时间上，它们之间的关系就像是秦、汉和隋、唐；放在当下，它们之间的关系就像是山东人和广东人，是具有同一文化母体的不同分支。

对中国历史影响巨大的北方游牧民族，其历史传承概况大致如此。

因为地理环境和政治等原因，中国历史上农耕民族先后四次遭受游牧民族的大规模进攻。之所以我们会说"大规模"，一是因为人数之巨，二是因为危害之大。这些游牧民族的入侵，不但破坏了中原地区的固有秩序，甚至还让农耕民族多次面临亡国灭种的威胁。

两个族群的生死交锋在所难免。

第一次我们留到后面再说，这里先说四次交锋中的第二次，发生在公元前的两个世纪中，登场双方分别是汉王朝和匈奴帝国。在最初的几十年里，强势的匈奴对汉王朝步步紧逼，汉高祖、吕后、汉文帝、汉景帝都吃过匈奴单于的苦头，面对"天之骄子"的咄咄逼人之势，他们只能一边在深深宫墙内痛斥他们为夷狄，一边又将皇室的年轻女子送进匈奴单于的牙帐。

转变发生于汉武帝时期。当时，这位精力旺盛、视野开阔的帝王，联合西域的一些国家和部落，完成了汉王朝军事力量的聚合。而后在李广、卫青、霍去病等将领的努力下，终于对匈奴形成压制之势。随后又于元狩四年（前119年）将其逐出漠南，迫使昔日的草原霸主龟缩在漠北一带。至此，衰落的匈奴再无可能凭一己之力对中原王朝构成实质性危害。

第三次交锋发生在汉武帝去世后的400年后，这次浩劫被中原史学家称为"五胡乱华"，又称"神州陆沉"。西晋皇室因争夺皇位而爆发"八王之乱"，其间的连年内战给了臣服于中原王朝的游牧民族以可乘之机。他们纷纷大举南下，意图问鼎中原。这些游牧民族以匈奴、鲜卑、羯、氐、羌为主，所以被泛称"五胡"。五胡进入中原后，西晋皇室疲于应付，最后实在打不过只好裹挟着人口和财富渡过长江避难，史称"衣冠南渡"。

随后，中国北部成为无主之地，紧接着便是残酷血腥的胡人与汉人、胡人与胡人的大混战。其间，游牧民族在征战中先后建立了十几个国家，统称为"五胡十六国"。后来，鲜卑族拓跋氏崛起，吞灭诸胡，统一北方，并逐渐打造出一个以中原文化为主导的北魏王朝。对中国意义非凡的南北朝时期就此开始，华夏世界也因此暂时躲过了这场游牧民族带来的危机。

第四次交锋发生在两宋时期。隋唐结束后，割据政权遍地开花的五代十国内忧外患严重。后晋皇帝石敬瑭对辽太宗耶律德光称臣，以"儿皇帝"自居，并割让幽云十六州（今河北北部及山西一带）。幽云十六州的丧失致使中原大地门户洞开，游牧民族的骑兵可以畅通无阻地长驱直入。北宋建立后，几代人前赴后继都未能将幽云十六州全部收回。而当汉民族重新成为这片土地的主人时，已是450年后的明朝了。

有宋一代，契丹、女真、蒙古三大北方民族先后崛起，依次称雄于北方；而素有弱名的两宋只能在其强盛武力下苟延残喘，步履维艰地在抗辽、抗金、抗蒙中疲于奔命。虽然始终没有放下民族尊严，但命运之神似乎已不再眷顾这个承宠太多的民族。1279年，宋军在崖山海战中战败，丞相陆秀夫背着八岁的宋末帝投海自尽。一同投海的还有十几万宫女太监、官员士兵及其家眷，南宋流亡小朝廷就此灭亡。

中华民族史，伴随着胡汉角逐。汉民族和游牧民族，你退我进、此消彼长，两个族群的每一次交锋，既彰显着无比的荣耀，也充斥着许多让人扼腕的无奈。

而四次交锋中的第一次，就发生在齐桓公所处的春秋初叶。典型的强人遇强胡，让历史证明这是一次精彩绝伦、别开生面的对决。

就跟之后发生的三次入侵一样，游牧（渔猎）民族的第一次入侵也经历了相当长时间的"准备工作"。也就是说，游牧民族大举进犯中原并非一时头脑发热，它们强大的力量也不是朝夕之间练就的。它们有自己的历史渊源，也有一个由弱变强的过程。

第一个引起中原王朝注意的游牧民族是猃狁。《史记》和《括地图》都认为獯鬻就是匈奴的祖先，并称獯鬻和汉民族系出同源，也是大禹的后裔。"夏桀无道，汤放之鸣条，三年而死，其子獯粥（即獯鬻），妻桀之众妾，避居北野。"[1]——这段文字明确记载，夏朝末代君主夏桀，因荒淫暴虐而被商汤流放至鸣条（今山西运城夏县之西），夏桀的儿子獯鬻便带领族人逃往北方，并最终转变成为游牧民族獯鬻。

和同时期乃至于数千年以后的大多数北方游牧民族一样，獯鬻生活在茫茫草原，他们的主要财产是羊、马和牛，此外还有一些骆驼、驴和骡子；无论男人还是女人，大都以动物皮毛为衣服，很少穿纺织品；他们是典型的食肉民族，饿了吃肉，渴了喝奶，崇尚健壮体魄，老弱病残为人所轻贱，只配吃残羹剩饭。且他们没有城郭；没有文字；不讲卫生，基本上不洗澡，身上常散发着让中原民族不可忍受的刺鼻异味。另外就是性格粗犷，好勇斗狠，属于"战斗民族"，最常用的兵器是弓箭，三四岁即能弯弓射草鼠或兔子；从小就练习骑马，能在草原上神出鬼没，善于长途奔袭。

然而，对于推翻了强大夏王朝的殷商来说，獯鬻族只是个不成气候的小部落。对商汤的子孙们构成严重威胁的，则是另外一支游牧民族——鬼方。殷商建立之初，鬼方就已经盘踞在其西北，时不时就闯进其境内大肆劫掠，而殷商对鬼方的征讨也一直没有停息。如中国历史上第一位女性军事家——商帝武丁的元妃妇好，就是因数次出征鬼方并多次获胜而留名青史的。一直到殷商的中后期，鬼方才被彻底

---

[1] 出自唐司马贞《史记索隐》引乐彦《括地谱》。亦曰，《路史·后纪十四》注引《括地图》。——编者注

击溃，在殷商军队的追击下，他们一路逃窜到今西伯利亚贝加尔湖一带，在酷寒的北海之滨，继续他们漂泊不定的游牧生活。

到了西周，先前寂寂无名的猃狁部族，历经数百年风吹日晒，已经历练得相当强大。这支由许多部落组成的部落联盟开始以"戎"的名号称雄北方大漠，攻破西周都城的犬戎即是其中一支。到了春秋，另外一支名为"山戎①"的部落也开始强大，并不时侵扰中原。

与此同时，被殷商打到贝加尔湖的鬼方也重新回到北方草原，并以"狄"的名号让北方诸侯闻风丧胆。这些狄人中尤以赤狄最为强大。赤狄也是很多部落的联合体，大大小小的部落星罗棋布，多数时间他们同仇敌忾，同进同退。

如果以为这几支部族就是农耕世界的全部敌人，那就大错特错了。与一般人印象不同的是，觊觎中华物力的游牧民族不但分支众多，而且并非仅仅居住在农耕世界的边缘地带。

不知从何时起，这些游牧（渔猎）民族中的许多部落，已经悄悄渗透进了中原腹地：在国与国之间、在广袤的华北平原上、在绵延的太行山脉中，到处都是他们矫健的身影。而且这些部族分支众多，名号各一，戎族中除了强大的山戎外，还有姜戎、茅戎、陆浑之戎、泉皋之戎、伊洛之戎等；狄族中除了强大的赤狄外，还有白狄和长狄等。

这就是春秋初期的事实：就在华夏诸侯内斗不休时，中原已被游牧民族包围了——不但被包围，而且还有不少堡垒也已经被攻破。

和农耕民族一样，游牧民族也喜欢春天的到来。春暖花开，万物

---

① 又称"北戎"。

复苏，这美好的时节，正是躁动的生命跃跃欲试的时候。周王室的势衰和诸侯间的混战，明确无误地传达给游牧民族一个消息：你们的春天也到来了！

早在齐桓公的父亲齐僖公在位时，生活在今河北北部、辽宁西南部的山戎就已越过燕国的土地，沿着莽莽苍苍的太行山南下。他们穿过邢国，在齐国西北大肆劫掠。觉察情势危急的齐僖公急忙向郑国求援。因此，郑庄公才让次子公子突率军助战。

公子突发现山戎以骑兵和步兵为主，而华夏军队以战车为主，因此机动性不如山戎，很可能在行军过程中遭受他们突袭。于是，他积极寻找对方弱点，最终发现山戎有"轻而不整，贪而无亲，胜不相让，败不相救"[1]的习惯。他便以此为突破口，先派出一部分战车前去挑战并佯装溃败，其余主力则分为三部埋伏在山戎必经之道上。山戎人好大喜功，见郑军战败便轻敌冒进。结果，山戎被埋伏的郑军主力拦腰截断，因前军和后军失去联系而不能呼应，只能落荒而逃。

从这场战役中不难看出，山戎人骑乘战马，轻装简从，速度很快，以机动性见长，因此擅长搞突袭。他们人人勇猛好战，喜欢抢夺功劳，甚至因贪功而自相争夺。山戎人之所以贪功，主要是因为战功与"财物"挂钩——没办法，生产力低下、文明程度落后，不抢夺财物只能等着饿肚子。

需要注意的是，如果将后世"游牧民族"的定义"逐水草而居并且依靠放牧为生的民族"套用到这里的话，那么山戎——至少这个时候的山戎，并不符合这一定义。事实上，大部分游牧民族并不是完全

---

[1]　《左传》隐公九年。

依靠放牧维生的，除了放牧，他们也会在某些时期从事渔猎、采集甚至种植业，在魏晋南北朝时期崭露头角的鲜卑族便是一例。

鲜卑族的祖先就是战国时期异常活跃的东胡。东胡一直游牧于北方草原，但后来被强势崛起的匈奴击败，只得逃遁至今大兴安岭地区，退保乌桓山和鲜卑山。不久，东胡又分裂为乌桓族和鲜卑族。慑于匈奴淫威，鲜卑族只能躲在大兴安岭的茂密丛林中，过着打渔射猎的生活，他们的生活离不开驯鹿，这种生活习俗至今还能在东北地区鄂温克、鄂伦春等民族身上看到。

我要说的是，这种放牧和渔猎交错进行的不安定生活，才是游牧民族的最大特色！这即是说，广义上的游牧民族，不但包含狭义上的游牧民族（在草原上骑马放牧牛羊的），还包含渔猎民族。西周时走入农耕民族视野的"肃慎"及其后裔女真族就是一例。他们在从见诸史书到建立后金（清朝前身）的漫长岁月中，放牧的时间很短暂，基本上一直过着河边打渔、林中射猎的典型渔猎生活。但在汉民族和西方人的眼中，他们就是地地道道的"游牧民族"，甚至还具有代表性——西方人在他们的文献中，往往将女真人称为"鞑靼"，和典型的草原游牧民族突厥、蒙古一样。

至于严格意义上的"渔猎民族"，我将在后面加以介绍。

此时的山戎族，主要生活在燕山山麓一带。他们一部分从事放牧，一部分从事渔猎，也有相当一部分人掌握了高超的农耕技术。史书记载，山戎人擅长种植冬葱（即大葱）和一种豆类。由于这些农作物产量高，后来甚至成为他们挣外快的出口商品，如华夏就经常用中原物产跟山戎交换冬葱。

农耕出现，证明山戎已经采取了定居的生活方式。但聪明的山戎人选择把房屋建在连绵不断的山峦中，这就使得中原人的沉重兵车难以发挥效力；而徒步作战又是他们的特长，所以躲在山中的山戎勇士很是有恃无恐，这也是华夏诸侯对他们大为头痛的重要原因。

但是，山戎人并不会一直躲在山中不出来。他们的难缠之处，更多地体现在他们对中原的主动进攻上。

游牧民族之所以难缠，主要是因为他们的作战方式机动灵活。和农耕民族惯用战车与步兵不同，游牧民族最常见的兵种是骑兵，其中又以轻骑兵为主。轻骑兵装甲单薄，甚至没有任何装甲（生产力低下）护身，主要武器是弓箭。

除了弓箭，这些轻骑兵一般还会配备诸如斧头、长刀、棍棒等近战武器。但在一般情况下，他们不会与敌人进行短兵肉搏。

骑射，顾名思义，就是骑在马上射箭，这是一种兼具了骑术和弓术的高难度作战方式，西方称之为"帕提亚战术"，据说源于古代西亚强国帕提亚。帕提亚帝国即《汉书》中所记载的"安息"。前53年，与恺撒大帝齐名的罗马统帅克拉苏率领七个罗马军团共计四万人进入西亚，意欲和在高卢取得巨大胜利的恺撒一样，夺得"黄金与荣耀"，但他的动作很快惊动了机警的帕提亚人。

帕提亚人是原本居住在里海东岸的一支游牧民族，后迁徙到帕米尔高原；波斯帝国兴盛时期，帕提亚作为这个大帝国的藩属，为波斯皇帝提供优秀的骑兵和弓箭手；波斯帝国灭亡后，帕米尔高原群龙无首，帕提亚人凭借精湛的弓马骑射技术，击败其他同在帕米尔高原争霸的民族，迅速崛起。帕提亚人于前247年建立起一个庞大的，疆域从叙利亚到帕米尔的帕提亚帝国。该帝国和同时期的汉帝国、贵霜帝国、罗马帝国并列为称雄欧亚大陆的强国。

即便如此，傲慢的克拉苏仍认为，百战不殆的罗马军团一定能轻易击溃野蛮的未开化民族。因此他有恃无恐，以主人似的身份大摇大摆地进入叙利亚。然而，令他意想不到的是，帕提亚这支来自东方的游牧民族，跟罗马人的老对手迦太基人、希腊人、埃及人、高卢人、日耳曼人都不一样！在帕提亚人的战马和弓箭面前，他和整个罗马引以为傲的重装铁甲步兵将成为一无是处的废铜烂铁。

帕提亚人的统帅是年轻的将领苏来那。在此之前，这位精通作战的帕提亚人已经仔细研究过罗马人的战术，并做出相应对策。他知道，罗马人习惯于只配备少量骑兵，而且弓箭手数量很少。其主力是重装步兵，主要武器是短剑和大盾，其次还配备有三支重型标枪，用来在冲锋前对敌人发起射击，但其有效射程不会超过 20 米。

在发现罗马帝国军团出现后，苏来那将军下令帕提亚轻骑兵不断骚扰罗马军团，罗马人一发动攻击他们便佯装败退。两军之间并没有发生正面冲突。克拉苏大喜，认为胜利就在眼前，便对毫无章法的"败军"穷追不舍，最终于盛夏渡过幼发拉底河，进入广袤无垠的沙漠。

但是让克拉苏气恼的是，几个月过去了，他竟然一直没有见到帕提亚人的主力部队。

当然，帕提亚人不会让心急如焚的罗马人等太久。

忽然有一天，罗马人在一个名叫"卡莱"的地方发现了前方有大量帕提亚人。克拉苏欣喜若狂，他将七个罗马军团一字排开——这是罗马人最常用的作战阵形，剩余的少量骑兵分列两翼，以防止帕提亚人迂回偷袭。

随着一批一批骆驼队将大量的箭支运抵战场，两万帕提亚人终于开始在卡莱发动总攻。只听苏来那一声令下，两万骑兵蜂拥而至。罗马人发现，这些骑兵没有任何阵形可言，他们只是像蝗虫一样从四面八方飞来。

但先于帕提亚骑兵到达的，是无数锋利的箭镞。在劈里啪啦的巨大声响中，罗马人领略到了东方反曲弓的厉害，纷纷中箭倒地。

此前，罗马人也有少量骑兵，但在这次战役前便被帕提亚人除掉了。剩下的罗马士兵都是厚甲大盾的重装步兵，他们试图追赶上敌人，却发现敌人总是与他们保持三五十米的距离，其目的是这些灵巧的骑射手能在马上转身射击——想追上帕提亚骑兵根本不可能！无奈的克拉苏只好命令罗马士兵将大盾紧密排列，组成一个又一个形状貌似乌龟的龟甲阵，想以此来抵挡漫天飞蝗。

可是，帕提亚人的箭仍在源源不断地运到战场上，无数箭支前赴后继地射穿了罗马士兵的大盾和盔甲，在这场战斗中克拉苏的儿子也被帕提亚人斩首。罗马士兵士气低落，无心恋战。当夜，等没有夜战习惯的帕提亚人归营后，克拉苏便抛弃了伤残的5000人，在哀求和谩骂声中悄悄撤离。

可是，帕提亚人并不想放虎归山，他们发现克拉苏逃跑后，很快就追上了他，接着又是一曲"马与箭之歌"，罗马军团几乎全军覆没，克拉苏本人也阵亡在叙利亚。

像帕提亚人精通的这种骑射战术，其实是一种几乎所有游牧民族都会用的战术，匈奴人、阿拉伯人、鲜卑人、柔然人、马扎尔人、突厥人……无一例外。而将这种战术发挥到登峰造极地步且取得巨大成就的是蒙古人——13世纪，蒙古骑兵正是用这种战术让东欧骑兵和西欧骑士团一溃千里。欧洲人发现，让他们横行地中海世界的重装骑兵，根本就追不上这些蒙古骑兵。而这些身经百战的骑士常常还没有弄懂战场的状况，就被蒙古人射成了筛子！在蒙古人的文化里，这种战术叫作"曼古歹"，是他们战术的根本和精髓。现代军事发烧友们更是为它取了一个极为形象的名字：放风筝。

与匈奴、鲜卑、柔然、蒙古等中国北方游牧民族有千丝万缕联系的山戎的骑兵数量，可能没有在草原上生活时那么多。但是凭借与生俱来的弓马骑射技艺，对付只有笨重战车和步兵的中原诸侯，尚能游刃有余。

在山戎面前，首当其冲并且遭受破坏最严重的，是位于华夏世界东北方的燕国。

燕国属于伯国，为姬姓诸侯，为区别同时存在于今河南地区的姞姓燕国，也有史书称其为北燕。其开国君主为周文王庶长子召公奭，都城在蓟（今北京房山）。燕国刚建国时，其疆域主要在河北北部及山西东部，在断断续续征服了附近一些土著夷人后，其疆域开始扩展至燕山脚下以及辽宁西南部。当燕国人平稳地发展了二三百年后，来势汹汹的山戎人突然出现在燕山一带时，猝不及防的燕国人吓了一跳。

因为长久以来地处边陲，所以与中原地区的齐、晋、鲁、郑等国相比，燕国综合实力稍显落后。而且与深居内陆的中原国家相比，燕国下层社会的构成更为复杂。夏、商两代一直存在的"夏君夷民"现象在周朝依旧存在。所谓"夏君夷民"，即上层统治者为华夏族（夏族、商族、周族），被统治者则多为当地土著夷民。而燕国的这种情况尤为明显，因为它境内原本就散落着很多原本属于东夷的氏族，这些难以被同化的夷人成为燕国国内的一个不安定因素。

尽管如此，燕国仍是一个以华夏文化为主导的诸侯，与塞外胡人相比，物质文明要优越得多：黄澄澄的粟米、亮闪闪的丝绸……应有尽有。山戎人发现了这一点，对这花柳繁华地、温柔富贵乡充满觊觎之心。

《孟子》云：食色，性也。[1]这句主要以华夏人为基础研究出来的理论，也完全适用于游牧民族。山戎最感兴趣的就是食物和女人，甚至在某些时期只有食物和女人才能引起他们的兴趣。食物可以填饱肚子，女人可以生孩子。除此之外，其他都不值一文！

燕国就在燕山脚下，山戎人经常"一不小心"就跑进燕国境内，这些已分不清游牧和劫掠哪个是主业的野蛮人，往往二话不说便扛起一袋米或是抱起一个女人，扔上高车，跨上战马，然后便是唱着草原牧歌扬长而去。

英国哲学家、历史学家罗素在《西方哲学史》中说过这样一段话："文明人之所以与野蛮人不同，主要在于'审慎'，或者用一个更为广义的名词，即'深谋远虑'。他为了将来的快乐，哪怕这种将来的快乐是相当遥远的，而愿意忍受目前的痛苦……没有一种动物，没有一种野蛮人，会为了冬天吃粮食而在春天耕作。"罗素这段话，其实是在说游牧民族和农耕民族的差别：农耕民族必须从春天劳作到秋天才会有收获，而且在播下种子之前，他们就已经在考虑几个月后的收成问题了，每个步骤都在为长远做打算；而游牧民族是不会这样劳心费神的，他们只关心眼前所能看到的事物，他们是更依靠本能生存的族群。

---

[1] 《孟子·告子上》。

正是这种天然的差别，使得山戎劫掠成性。他们既不关心土地稼穑，也不关心国家政权，更不关心开疆拓土。他们只是简单地服从食色本性的指挥去大肆劫掠，然后在破坏心理的驱使下，干出耸人听闻的烧杀行径。

前663年，即周惠王十四年，或者也可以说是齐桓公二十三年、燕庄公二十八年，山戎人在无数次闯进燕国劫掠后，再一次大举进犯[①]。这一次，他们几乎倾巢而动，密密麻麻如蝗虫一般的山戎人涌进燕国。他们洗劫村庄、围攻城邑、杀戮百姓、驱赶贵族，燕国一时硝烟四起，赤地千里。走投无路的燕庄公只好派人奔赴临淄，向齐桓公求援。

在繁华喧嚣、歌舞升平的临淄城内，齐桓公收到了燕庄公的求援信。在次日的朝见中，每个人都能见到齐桓公眉心紧蹙，脸色凝重，朝堂之上陷入短暂的平静。即便信中没有描绘山戎人的可怕，齐国卿大夫也早就听闻了他们的恶名。但救援燕国，并不是一件简单的事。

但齐桓公考虑的不是“是否要帮助燕国对抗山戎”这样简单的问题。这一年，是齐桓公由公子成为国君的第23个年头。这期间，他的威望越来越高，华夏诸侯认可了他的德行和能力，将他视为可以信赖的盟主，视为值得依靠的诸侯之长。作为一位已经功成名就的贵族，齐桓公已将捍卫华夏的尊严视为自己生命的重要部分。

对于齐桓公来说，侵略就是侵略，不要希望侵略者会心慈手软。因此他们怎么来的，就让他们怎么回去，没什么可考虑的。

---

①　《史记》记载此事发生在齐桓公二十三年，但《左传》记载发生在齐桓公二十二年。综合历史情况，我们采用《史记》中的记载。——编者注

思虑再三后，齐桓公向臣民宣告：寡人将亲率齐国大军，助燕国驱逐夷狄！

而后，齐桓公带着管仲、隰朋等重臣，率齐国大军迅速北上，很快就进入燕国境内。一路上，他们只见到处是断壁残垣、流民饿殍，衰败的景象更加坚定了齐桓公击退山戎的决心。

不久，燕庄公也率领人马与齐桓公会合，齐燕联军奋勇出击。

看到联军的猎猎旌旗，听着震耳欲聋的华夏战鼓，山戎人与齐燕联军做了几次交锋，结果每次都处于下风。与此同时，华夏军队则越战越勇，山戎人见状不敢恋战，带着劫掠来的财物向北逃窜，并最终来到了孤竹国。

孤竹君殷切地接纳了山戎人。

孤竹国是个历史悠久的古国，其中心位置大致在今河北省唐山市一带。国君为墨胎氏，又作"目夷氏"，属东夷族群的一支，而且这个国家能在血缘上和殷商王族扯上关系。也许正是这个原因，成汤立国后不久便派人去东北方寻找孤竹人，予以册封，孤竹因此也成为殷商的方国。

孤竹国虽小，却因为与殷商关系密切，得以长久存在。而且估计它在一定程度上也肩负着为商王监视辽东地区治安的责任。殷商在其600年统治中，和东夷许多方国建立了同盟关系，这些方国被周人视为殷商的羽翼，和殷商遗民一样不得不防。所以，西周早期分封的大国如齐国、鲁国、燕国，无一例外都在"大东"之地，即遥远的东方。

数量并不算多的周人进入这些陌生的土地，建立起城池，居住其内，然后产生了最早的"国人"；而城池之外，则是充满敌意的"野人"。而周人征服、驯化、同化这些"野人"的工作十分漫长。齐国因实力雄厚，而且用法得宜，早在西周时期就灭掉了很多东夷小国，工作完成得比较出色。而燕国这样比较孱弱的诸侯国，工作显然没有齐国做得好。一直到春秋时代，燕国周边还有许多东夷小国盘踞，而且这些国家都与周王朝离心离德，孤竹国便是其中之一。

殷商灭亡后，孤竹国的地位变得尴尬起来。在孤竹人看来，周人是灭掉他们宗主国的乱臣贼子，于是对新兴的周王朝心存芥蒂，并因此而衍生出"不食周粟"的著名故事。但是，眷恋旧主的他们也仅能如此而已。但由于他们没有力量反抗既勇猛又聪明的周人，最终只能被迫接受成为周王朝藩属的命运。燕国建立后，常与孤竹国打交道，因为联系紧密而难免发生争端，虽然只是个控制着周边小片土地的小小城邦，但因与周边其他地位相同的东夷小国如令支、无终的联合，孤竹国竟然平安无事地挨过了整个西周时期。

当山戎人到来后，一切都变了！山戎人先是将孤竹等东夷小国打得爬不起来。可山戎人也发现这些小邦实在没有什么可抢的，遂改变态度，开始与他们联合，将他们视为共同对抗中原诸侯的盟友。独立于中原诸侯之外的东夷人从来都不喜欢自称为"华夏"的周人，不管燕人、齐人、鲁人、晋人，孤竹人统统不喜欢。自始至终，他们都认为自己有理由反抗周王朝，因此乐得和山戎结成同盟。

齐桓公所率军队多为战车部队，行动不及山戎人迅速，为了避齐国军队的锋芒，山戎人故意将紧追不舍的齐燕联军引进迷途。

齐桓公距离中原地区越来越远，眼前环境越来越陌生，也越来越险恶，而山戎人的踪迹越来越具有迷惑性。为了尽快追上山戎，齐桓公下令日夜兼程，结果一不小心闯入一片荒漠（应为今内蒙古高原）。后来又因天气不佳而不辨方位，齐燕联军在原地打了好几个圈，耗费了好几天时间，始终没能走出去。齐桓公心急如焚，他已经能感觉到军中弥漫的恐惧。

最终，还是管仲想到了办法。他指着随行的燕国马匹说："燕国战马多出北地，善于辨识方向。我们让几匹老马走在队伍前头，相信跟着它们，一定能走出大漠。"

齐桓公忙让人从燕国队伍中牵出几匹老马，让它们走在队伍的前头带路。

蒙古高原的草原马就像是撒哈拉沙漠中的骆驼，不但耐力好，而且拥有极强的记忆力。这些幼年时期曾生活在这里的老马，凭借与生俱来的本能，很快将齐燕联军带出了茫茫荒漠。

但困难并没有就此停止。因为几天的耽误，齐桓公已彻底失去了山戎人的行动轨迹线索，联军只能凭着感觉赶路。齐桓公从春季出征，而此时已是初冬，不但至今没有找到山戎人的主力所在，还因北方冬季干旱少雨而陷入缺水的困境。刚从漫无边际的大漠中走出的齐桓公忧心忡忡。

这时，重臣隰朋来献策，他发现前面有一座山，而蚂蚁最喜欢在山上作巢，夏天其巢在山阴，冬天则在山阳。蚁穴若高出地面一寸，即可证明下面有水，他们只要在山阳面找到这样的蚁穴，顺势掘挖，就一定能掘出山泉！

齐桓公随即令人去山上找蚁穴，结果很快便挖出了清纯甘洌的山泉，联军的饮水问题立刻得到解决。

历经几个月的辛苦追踪，齐燕联军最终兵临孤竹都城之下。

见孤竹都城已近在咫尺，齐桓公并未直接攻城，而是派使者进城，态度明确地通知孤竹人：交出山戎首领，否则便将孤竹夷为平地。

要知道，孤竹和山戎临时搭建的同盟关系本来就很脆弱，加之中原大军压境围城，情势紧迫，孤竹人便斩杀山戎人的首领，将其首级送出城外，呈给齐桓公。

听闻首领已死，埋伏在附近高山密林中的山戎人立刻作鸟兽散，向北方那片更为幽深的密林逃去。见状，齐桓公立即兵分数路，对分成几股的山戎人进行追击。山戎人群龙无首，没有能力还击，在一撮又一撮残部被击杀后，他们被打成更为散乱的小队伍，最终消失在深不可测的山林中。

一直到四年后，逐渐恢复胆气的山戎人才从山林中钻出来，想继续打家劫舍的勾当。然而，齐桓公早有防备。他以孤竹和令支两座城邦为据点，给了山戎人以迎头痛击，再次逼迫溃不成军的山戎人逃进山林。他们或者向西迁徙到蒙古高原，或者逐渐融入东北亚诸民族中。总之，"山戎"或者"北戎"的名号从此再未出现在中国历史上。

在第一次击败山戎后，齐桓公即率军回到孤竹国，以孤竹国勾结山戎为由攻进其国都，将其攻灭。同时，与孤竹国同属东夷族系并且和山戎关系密切的令支国（位于今河北迁安市、迁西县一带）也没能幸免于难，同样被齐桓公所灭。

燕国在齐桓公的帮助下铲除了心腹大患，而且顺带着还将孤竹和令支之地收入囊中，燕庄公自然对齐桓公感激涕零。在送齐桓公回国时，他紧紧抓着齐桓公的手，数度热泪盈眶，并提出要表示感谢。

然而，齐桓公态度明确：什么报酬都不要。不过对燕国君主燕庄公，齐桓公有一个小小的要求。

"燕国先君召公奭，殷勤辅佐周天子。燕侯应当复修召公之政，为周王室屏疆卫土，按时朝觐供奉，铭记于心，不可违制。"

燕庄公连连点头，越发为齐桓公的魅力所折服，他和眼前这位拥有高尚人格的诸侯之长，贴得更近了、走得更远了、聊得更高兴了。

结果，这一个依依不舍，竟然出事了。

燕庄公送着送着，竟一不小心就走出了燕国边境，进入齐国的境内。当酣谈的两位国君同时发现这个问题时，他们已经走到了齐国的重镇无棣。无棣即今山东滨州市无棣县，该镇位于渤海之滨，在当时是齐国重要的海鲜和海盐产地，经济发达，百姓安乐。

可问题在于，按照周朝礼制，诸侯相送不能跨出国境。一旦越过了自己的国土，便是违反规制，是一种不合时宜的行为。也就是说，燕庄公送齐桓公，按规矩最远也只能送到燕国边境，而如今已经犯规。

看到自己已身处齐国境内，燕庄公一时间傻了眼，十分尴尬。他先是痛斥身边的人不提醒自己，然后十分愧疚地向齐桓公道歉："齐侯恕罪，寡人唐突，竟出境相送至贵国疆土，违背周礼，做出了僭越举动！"

齐桓公却笑道："燕侯并没有做出违背周礼的举动呀！"

燕庄公不明所以。

齐桓公抬手一挥："这方圆百里的无棣之邑，就是燕国的疆土呀！"

燕庄公先是一愣，而后明白了齐桓公的意思——他要以割让领土的方式来保全燕国君主的名节！

这一行，齐桓公不但帮燕国剪除了夷狄大患，还割让了富庶的百里之土，保全了燕国的国土和名节！这爆炸消息迅速传扬开来，天下人无不钦佩和仰慕齐桓公，诸侯们更是倍感汗颜。他们知道，齐桓公所做的事，无论是击退夷狄还是割土让城，都已经超出了他们的德行，而这恰是齐桓公的智慧。

齐桓公的名声越来越大，威望越来越高，权力越来越大，他也因此越来越忙碌。或许，这时他会开始思考一个问题：权力是什么？

一个人能站到一个很高的位置上，一定有其原因。如果不知道这个原因，那他的处境就十分危险，因为没人知道他什么时候会从上面摔下来。

很显然，齐桓公已经想明白了这个问题：权力就是责任。喜欢在历史中彰往考来的中国人曾整理总结过很多类似史料——夏桀只讲权力不谈责任，所以被流放了；商纣只讲权力不谈责任，所以被推翻了；周幽王只讲权力不谈责任，所以被杀死了。

权力和责任，是平衡，是阴阳，是中庸，是一种天然和谐，无须掺杂一点造作，它是风吹草动，是寒凉温热，是云在青天水在瓶……相比得到权力和履行责任，懂得这个道理，更需要能力。因此，在争霸前期，面对权力，齐桓公表现得诚惶诚恐、战战兢兢。他只能小心翼翼地扛起担子，继续负重前行。而另外一个敌人也出现了，它就是赤狄。

如果说山戎人带给中原世界的是从肌肤到骨头的"外伤"，那么赤狄所带来的就是伤及五脏六腑的"内伤"了。

前面讲过，赤狄的祖先是鬼方，鬼方在被殷商击败后逃离中原，曾长期游牧于西伯利亚地区。在广袤无垠、横跨两个大陆的欧亚大草原上，各种各样的游牧部落在这里繁衍生息，对于早已习惯生活在杂草丛生的游牧民族来说，在哪片草地生活都是一样的，赤狄也因此得以和各种游牧民族有了或多或少的接触。

可见，鬼方等印欧游牧民族是生活在同一片草原上的。对于这些喜欢在草原上狂奔的马背民族来说，接触是在所难免的。而且，估计这种接触还相当频繁，或因为战争或因为联姻。而鬼方部落里开始掺杂进一些印欧游牧民族的血统，或是其他毗邻而居的西伯利亚土著民族——总之，鬼方部落中诞生了一些混血儿。

鬼方从西伯利亚重回中国北方草原，其内部的大小部落开始各自为政，纷纷仿照中原建立国家。比如位于晋国北方、太行山一带的翟国。我们前面讲豫让时提到的晋国大夫赵勿恤，其生母就是翟人。

稍有生物学常识的人都知道，杂交是有益于物种繁衍的。混血的好处是很多的，因为混血，这些游牧民族获得了更优良的基因，也获得了更旺盛的生命力，因而变得更加强大。

与狄人打交道最多的中原诸侯，是晋国。

200年的春秋史，其实是三个大国轮番唱大戏的舞台：东方的齐国打头阵，敲了一声惊天动地的开场锣；而后便是以蛮夷自居的南方强邦楚国；最后便是与楚国南北对峙、分庭抗礼的晋国。

其中，晋国是三大国中称霸时间最长的国家，是一个既有强弓劲弩又有好战血性还有悠久历史、灿烂文化的超级大国。并且春秋时代的开始和结束都和这个国家息息相关，因此晋国是春秋历史中绕不开的一环。

晋国开国君主为周武王次子、周成王胞弟唐叔虞。周成王年幼时，与叔虞玩耍。他把一片桐叶削成圭板的形状，交给叔虞，然后用天子的语气说："孤今日即册封你为诸侯！"这本是顽童一句戏言，史官却听者有心，十分忠诚地将这件事记载到王室档案中。

几年后，周成王亲政，史官旧事重提："君无戏言，天子应履行承诺，册封王弟叔虞为诸侯。"

周成王说："那不过是孤年幼时的一句戏言，岂可当真？"

史官直言不讳："君无戏言。天子一言既出，则史书之、礼成之、乐歌之！陛下一定要册封王弟为诸侯！"

听史官这样言之凿凿，周成王只好答应。当时恰逢唐国叛乱，周王室派军队灭掉了唐国，国君空位，周成王便将叔虞分封到了位于今山西南部、汾水之滨的唐国故地，国名依旧为"唐"。

唐叔虞死后，其子姬燮继位，因临近晋水，遂改国号为"晋"。

晋国的疆域最初只限于山西南部地区。不过经过数代人的拓展，逐渐发展为覆盖山西及河北大部、河南北部的大国，在西周时期就拥有了举重若轻的地位。

周幽王烽火戏诸侯，犬戎入侵，幽王身死国灭。而后，秦、郑、卫、晋等诸侯出兵勤王，拥立周平王并东迁洛邑。与此同时，虢国君主虢公翰另外拥立了周幽王之弟王子余臣，史称"周携王"，与周平王分庭抗礼。可是，参与勤王的几家诸侯并不认同这位天子的王位，其中尤以晋国态度最为强硬。

其时的晋国君主为晋文侯。周携王二十一年，晋文侯率兵攻打周携王，周携王兵败自杀，彻底结束了"一周两天子"的局面。从这一事件也可以看出晋国统治者刚强好战的性格。

然而，晋国在其发展过程中也并非一帆风顺。与其他诸侯国一样，这个国家也充满了波谲云诡的政治斗争，充满了让人不寒而栗的腥风血雨。

晋文侯死后，其子晋昭侯即位。晋昭侯不知是哪根筋不对，某一天忽然下令将他的叔叔公子成师分封到了曲沃。曲沃就是今天的山西闻喜县，是当时晋国最大的城市，其规模远在国都翼城之上。这个命令一经下达，立刻招来一片反对声。晋国诸卿大夫以曲沃大于国都、封臣强于封君为由，劝阻晋昭侯，让他收回册封任命。但是，晋昭侯似乎天性中就有那么一股执拗劲，终究不肯收回命令。于是，公子成师赶赴曲沃就封，此即曲沃桓叔。

之后，与宋国公族的手足相残如出一辙，晋国公族兄弟之间，也发生了一场长达半个世纪的血拼。

曲沃桓叔励精图治，发展迅速，很快就显露出取代国君的意图。不久，晋国大夫潘父弑杀晋昭侯，希望迎立曲沃桓叔。这时的曲沃桓叔便兴冲冲地要响应潘父入主翼都。但曲沃桓叔这一举动遭到晋国人的一致反对，晋国贵族组织大军，将兴冲冲的曲沃桓叔赶回封地，又杀死了作乱的潘父，最后改立晋孝侯。

曲沃桓叔在对翼都的向往中郁郁而终，其子姬鳝即位，是为曲沃庄伯。与父亲曲沃桓叔相比，庄伯对国君之位的觊觎之心越发不加遮掩。晋孝侯十五年（前725年），曲沃庄伯率军攻入翼都，在公宫弑杀晋孝侯。对此晋人大怒，反攻曲沃庄伯。庄伯败走。

而后，晋人又立晋孝侯之子晋鄂侯。

晋鄂侯在位六年，因病去世。曲沃庄伯见有机可乘，便借发丧之机，率曲沃兵攻打翼都。

此时，晋国的连年内乱已经引起了周王室的注意。为平息内乱，周平王派虢公率军帮助晋人讨伐曲沃。此时，曲沃庄伯还没有和周天子叫板的底气，只好退回曲沃。

在周王室支持下，晋人又拥立晋哀侯。

不久，曲沃庄伯也在对晋国国君之位的觊觎中愤愤离世，他的继承人是曲沃武公。在攻伐大宗取而代之这件事上，如果说曲沃桓叔尚有几分忌惮，曲沃庄伯尚有几分不足，那么曲沃武公简直可说是肆无忌惮。很快，曲沃武公便率军攻打翼都，俘获了亲自迎战的晋哀侯。晋国人失去君主，却无可奈何，没有力量对曲沃武公进行反攻。

因为夺位的时机尚不成熟，曲沃武公大捷后便撤回曲沃。晋人又立晋小子侯。当然，这种状况并没有维持多久。

此时，卫国公子州吁已弑杀卫桓公，鲁国公子挥也已弑杀鲁隐公。这些事件让华夏人已经切实地体会到了与西周截然不同的"春秋特色"：诸侯不臣，王室衰微，礼崩乐坏，人心不古。如日中天的曲沃武公，不但拥有夺位的实力，也拥有夺位的客观条件。终于，晋小子侯四年（前706年），曲沃武公诱杀了晋小子侯。周桓王听说后大怒，再次派兵讨伐，曲沃武公避其锋芒，退保曲沃，静观事态发展。周王室立晋哀侯之弟晋侯缗。

前679年，在经过20多年的养精蓄锐后，曲沃武公率曲沃兵大举进攻翼都，杀死晋侯缗。时逢齐桓公忙于东方诸国事务，无意西顾，而周王室经繻葛之战而权威大减，自顾不暇，不能对晋国施以援手，最终令晋人无力维护他们君主的尊严。因此，曲沃武公轻而易举地夺得了晋国统治权，灭掉晋公族大宗，以小宗别支的身份登上了国君之位。

而且，这期间还有个小细节：曲沃武公攻占晋国府库后，得到大量珍宝。聪明的弑君夺位者并没有将这些冷冰冰的东西据为己有，而是十分大方地献给周王室。周僖王则来者不拒，照单全收。"吃人嘴软，拿人手短"的道理亘古不变，周天子毕竟不是拿钱不办事儿的人，因之正式册命曲沃武公为晋国国君。曲沃武公因此而变成了合乎法统的"晋武公"。曲沃桓叔一脉，历经三代人、六十七年接连制造内乱，终于成为晋国最高统治者，史称"曲沃代翼"。

曲沃代翼成功后，通过手足相残而夺取统治权的家族马上显露出好战且善战的一面。晋武公的行为也完全贴合他的谥号"武"，晋国很快就迎来了一次疆域大扩张。在此扩张过程中，晋国与狄人诸部落发生了碰撞。与时刻困扰燕国的山戎一样，狄人也悄悄地成了晋国的隐患，而其中最让晋国头疼的自然是声名远播的赤狄。

赤狄又作"赤翟"，因崇尚红色而多穿赤红色衣服而得名。他们主要生活在晋国的北部、东部以及东南部。在其强盛时期，曾呈半圆形包围晋国。他们也是狄人部落中最为强大的一股势力。赤狄分六大部，分别为：皋落氏、潞氏、留吁氏、甲氏、铎辰氏和廧咎如氏。除此外，还有一些小的部落会在未来的南北朝时期经常见到，比如袁纥氏和斛律氏——正是这些小部落的不断延续和发展，向我们证明赤狄和后世的回纥有着莫大关联。

皋落氏，晋国人又称之为"东山皋落氏"，从这个名字就可以看出，该部落主要生活在山地中。其实，真实情况是大部分赤狄人都生活在太行山一带。

留吁氏，春秋初年不知居于何地。但到了春秋中期，他们已聚居在今山西长治市屯留区附近。

甲氏，主要生活在太行山以东、今河北省邢台市以南的地区。之前，晋国疆域扩展至今河北省时，甲氏曾做过一些不成功的抵抗。

铎辰氏，主要生活在今山西长治附近。

廧咎如氏，春秋初年主要生活在山西西部，与秦国有部分地区接壤。晋公子重耳（即晋文公）出逃时曾与白狄君长畋猎，白狄进攻廧咎如氏，得到两名美女，赠送给公子重耳，这是晋国最早和廧咎如氏发生交往。若干年后，潞氏灭亡，潞氏遗民散入廧咎如氏，廧咎如氏的势力立时得到壮大。但这个部族终究抵挡不住晋国的攻势，最终迁徙到太行山以东的河北中部，之后便不知所终。

赤狄诸部中，最为强大的是潞氏。齐桓公死后，晋文公称霸，晋国和楚国开始争雄。在大国之间的夹缝中，潞氏建立过一个存在仅三十四年的子爵小国，其国君被晋国人称为"潞子"。晋文公的孙子晋景公在位时，潞国国君名"婴儿"，娶了晋景公的姐姐为夫人。后来潞国大臣政变，刺伤潞子婴儿，杀死了潞子夫人，晋景公随之派兵灭掉了潞国。

赤狄六部最终的命运要么是灭亡，要么是被中原同化，总之他们的名号永远地在中国这片土地上消失了。但是，在最初，当赤狄诸部能够同气连枝地共同对付华夏世界的时候，"赤狄"一词，在华夏的字典中，绝对是恶魔的代名词。

和山戎一样，赤狄在靠近中原的过程中也逐渐学会了中原的生活方式。游牧不再是他们生活的全部，很多部落不仅开始定居，还掌握了粗放的种植业。这种农牧兼具的优势显而易见：赤狄既能装备战车，也有能力组建骑马队。

非但如此，由于赤狄人常年生活在山林原野中，因此他们惯常翻山越岭，这种野地训练让他们获得了极强的单兵步行作战能力。

晋武公前半生的主要对手是晋国前公族（主要是晋昭侯的儿子

们），后半生的主要对手则是周边戎狄，其中又以赤狄为最。而在晋武公去世后，与齐桓公同时代的晋献公则继承父亲晋武公的好战传统，加快了征讨周边戎狄的步伐。

与游牧民族的蛮勇进攻不同，中原人显然更注重谋略在战争中的作用。

当时的晋国周围，除了赤狄，还有白狄、长狄乃至许多戎族部落。其中，白狄是崇尚白色的民族，长狄是身高普遍高于周边族群的民族。他们与赤狄有着千丝万缕的联系，但总体上处于敌对状态。

晋国人针对这种情况，选择联合长狄、白狄和戎族，共同对抗赤狄；另外，赤狄六部之间也不和睦，他们不但各自为政，而且彼此之间相互猜忌，晋国人又巧妙地拉拢一个部族去对抗并削弱另外一个部族。最终，晋国人如愿以偿地削弱了赤狄的实力。

经过长达几十年的战火纷飞，晋国战车重重碾压了一个又一个赤狄部落。当赤狄诸部落发觉不团结带来的恶果后，曾有一段时间尝试联合起来紧紧握成一个拳头。但即便如此，以他们的力量仍然难以应对晋国的征讨。终于，在晋国的猛烈攻势下，赤狄选择了迁徙——或者说是"转战他地"更合适。

前659年，被晋国人击败的赤狄一路东进翻过太行山。在这里，这些七零八落的诸多部落逐渐会合，然后浩浩荡荡地冲进邢国境内。

邢国，侯爵国，开国君主为周公旦第四子，领土中心区域为今河北邢台。由于这里也是戎狄诸部频繁活动的地界，所以邢国很早就开始和这些游牧部族打交道。在春秋初叶，邢国人曾主动对山戎发动过战争，并取得了不小的成果。

然而，今非昔比，强大的赤狄不会给邢国这样露脸的机会。

只见漫山遍野的赤狄人就像密密麻麻的蝗虫，一窝蜂地冲进邢国。他们沿途大肆劫掠，前来迎战的邢国战车在赤狄人步卒和骑兵的进攻下，连连败退。

赤狄大军一路狂飙，最终抵达邢国都城之下。邢国人大惊失色。邢侯带着贵族仓皇逃离国都。赤狄人大摇大摆地进入邢城，进而将之据为己有。

邢国与齐国是邻邦，近在咫尺。赤狄人的欢呼声还未散去，消息就传到了齐桓公耳中。

这时，管仲对齐桓公说了这样一段著名的话："夷狄之人贪得无厌，是不会轻易得到满足的；中原各国应该相互亲近，彼此之间不能抛弃。安逸就好比是毒药，可以让人在不知不觉中死去，所以不能贪恋……我们应该无所畏惧，同仇敌忾，出兵援救邢国！"

管仲的鞭策之语，正是齐桓公内心的想法。这时，距离齐国击败山戎已经五年，胜利带给齐桓公的快感尚未消散。因此，他毫不吝惜齐国的财力、人力，当即决定帮助如今已流亡在外的邢国人夺回属于他们的土地和荣誉。

不久，齐桓公号召宋国和曹国一起讨伐赤狄。宋桓公和曹昭公积极响应，三国组成联军，驻扎于邢国聂北（今山东聊城茌平区贾寨镇）。从前线溃散的邢国士兵闻听齐桓公前来援救，纷纷投奔三国联军。

听闻风声，赤狄大为吃惊。他们早就听说过齐桓公的厉害，知道这个为周天子守卫疆土的齐国是一个不输晋国的强邦。于是，在齐桓公的旌旗出现在邢国都城之前，他们便作鸟兽散，从邢国迅速撤离。

与此同时，齐桓公找到流亡在外的邢国国君和贵族，给出一个建议：迁国。

邢国所在之地，戎狄环伺，危机四伏，这种情况就连晋国这样的大国应付起来都很显吃力，何况邢国这种弹丸小国？所以，齐桓公提议将邢国迁往远离戎狄而且靠近齐、卫等中原诸侯的地方。

险些做了亡国奴的邢国人没有犹豫，立刻同意了齐桓公的提议。

而后，在齐桓公的主持下，齐、宋、曹三国军队装载着邢国的各种器物和财货，护送邢国人迁址到夷仪（今山东聊城西南）。

重建后的邢国地处中原腹地，与齐、晋、卫、曹等中原诸侯紧密相偎，免除了遭受戎狄入侵的危险。齐桓公因此而受到邢国人的感激和爱戴。

可是，齐桓公并没有松一口气，因为他们的对手赤狄并没有歇息——离开邢国后，赤狄的步卒、骑兵、车马一路南下，又冲进了卫国的领土内。

卫国与鲁、郑、晋等国一样，是姬姓诸侯，开国君主为周武王的胞弟康叔封（又称"卫康叔"），其疆域大致位于今河南省北部区域。卫国立国之初，虽仅为伯爵，但也称得上是一个大国，到卫武公时更是一度强盛。周平王东迁洛邑，卫武公便是护送天子的诸侯之一。卫武公死后，卫国国力稍有下降，但齐国数次选择和它联姻（比如齐桓公之母就是卫国公女），也证明其实力依旧不可小觑。总体来说，春秋初年的卫国，虽说实力不及齐、晋、楚、秦等强国，但也不是任人欺凌的蕞尔小国。

卫国是和鲁国一样的老牌诸侯国。但与恪守周礼的鲁国不同，卫国公族似乎更喜欢飞鹰走狗、骄奢淫逸，以至于卫国历史上出现了很多以贪图享受而著称的君主，接下来出场的这位卫懿公，即是其中典型。

卫懿公，名赤，是卫国第十八代君主。作为一国之主，他政绩平庸，就像南唐后主李煜不是好政治家却是出色的文学家一样，卫懿公是一名杰出的鹤类专家——卫懿公是个不折不扣的"鹤控"。

卫懿公在少年时期就近乎狂热地表现出对鹤的喜爱。在成为国君后，他的宫廷苑囿中更是到处都有鹤的影子。由于这个爱好，他不惜劳民伤财，在国内修建了许多别苑，里面所饲养的也都是各种各样的鹤：丹顶鹤、白鹤、灰鹤……他还将所有的鹤精心做了划分，分出高低贵贱。然后按照等级，上等鹤吃高级饲料，由高级饲养员负责；下等鹤类吃下等饲料，由低级饲养员负责，且饲养员的俸禄与大夫相当。每次出游，他必定要与最好的鹤同乘一车，而其他鹤也按照等级乘坐不同的车子。更让人哭笑不得的是，这位"鹤控"国君还动用自己的职权，给他的宝贝册封，上等鹤为大夫，下等鹤为士。甚至还按时发放俸禄，从不拖欠。

对于这种领导人，灭亡并不需要等待太久！

前660年，在北方升腾起的滚滚烟尘中，赤狄人杀来了。

惊慌失措的卫懿公急忙号召卫国军队迎战，但卫国臣民个个消极对待，将不披甲，兵不拿刀，没有上阵杀敌的意思。人们纷纷发出这样的抱怨："国君不是喜欢鹤吗？不是爱你的鹤胜过爱我们吗？国君的鹤不是都有官职和俸禄吗！既然大敌压境，就让国君的鹤去保家卫国吧！"

卫懿公羞愧难当。

这时，卫国大夫劝说卫懿公道："君上应尽早将您所饲养的鹤全数赶走！不然，卫国臣民决不会上阵御敌！"

卫懿公虽然不舍，但大敌当前，也只好忍痛下令将他的鹤统统驱散。

但是，在苑囿中住得十分舒坦的珍禽们根本不想离开温柔乡。无论士兵们怎么驱赶，它们都不肯振翅起飞。无奈之下，士兵们只好挥舞着长长的戈、矛等兵器，将这些已经悠闲到发福的鸟儿们强行驱赶到空中。这些美丽的鸟儿尽管还想降落，但发现下面是如林的戈矛和响彻云霄的咒骂声。它们在空中盘旋许久，才恋恋不舍地向远处飞去。

然后，心痛不已的卫懿公抹一把眼泪，对卫国的卿大夫们说："这下，你们可以上战场保家卫国了吧？"

见卫懿公回心转意，卫国贵族这才开始组织军队，准备与赤狄人作战。

此时，赤狄人已逼近朝歌，卫国人似乎已能听到他们那摄人魂魄的喊杀声。

晚上，卫懿公登上城头，只见赤狄人正在生火做饭，那密密麻麻的篝火和天上的繁星连接成一片，数不清他们到底有多少人马。

这时，城下忽然响起了歌声。那是卫国人的歌声，歌词大意是在质问国君为何不让鹤去上阵杀敌——卫国人在用民歌的形式向国君表达他们的不满。

卫懿公赶紧在空中寻找，结果一只鸟的影子都看不到，他不禁潸然泪下。

卫懿公或许是幡然醒悟。在最后关头，他忽然表现出了一个贵族应有的气魄。他将随身的玉佩交给大夫石祁子，将国君用的令箭交给甯庄子——这两位都是勇敢、忠诚的国之重臣。然后，卫懿公对他们说："你们拿着寡人的玉佩和令箭，保卫国都，可随机应变，调度军事！"然后又脱下自己的锦绣衣衫，交给君夫人说："两位大夫固守城池，夫人一定要鼎力配合，听两位大夫调度！"接着，他穿上盔甲、戴上战盔、拿起长剑、登上兵车，以大夫渠孔为参乘，子伯为戎右，黄夷为前锋，孔婴齐为后军，率领卫国军队，直奔赤狄所在的荥泽。

赤狄人反应迅速，很快就组织起来进行反击。卫国军队战败，纷纷溃逃，赤狄人肆意追击屠戮。乱军中，赤狄人突然发现中军的一面旗帜与众不同，料定是重要人物的所在，于是他们的骑兵便紧追不舍。卫国大夫见赤狄骑兵追来，便劝卫懿公撤掉自己的帅旗。然而，此时此刻，卫懿公只一心求死，不肯撤掉自己的主帅之旗，结果很快就被赤狄骑兵追上，惨遭杀害。

赤狄追击溃逃的卫国人，俘虏了两名卫国史官，卫国史官对赤狄人说："我们是太史之官，身负掌管祭祀的职责，若我们不能先回到朝歌，你们是得不到卫国都城的！"赤狄人信以为真，便将二人释放。二人回到朝歌，立刻将卫侯被杀以及赤狄来势凶猛等都告知了卫国人，最后说："朝歌已经不能固守，大家还是逃命去吧！"

卫国人一听，马上裹挟财物珍宝，连夜向东南逃去。

赤狄人追赶至朝歌，却只见一座空城，急忙快马加鞭，想要追上逃亡的卫国人。当然，他们的意图是获取更大的利益——财富和女人。

追到黄河岸边时，赤狄人对正准备渡河的卫国人发起一次攻击，卫国人大败。这时，闻讯的宋国人已在宋桓公率领下抵达黄河之滨，而后，宋军帮助卫国人逃到了黄河南岸。

赤狄人擅长长途奔袭，但不谙水性——因为缺少涉水工具。当然，他们也担心中原诸侯人多势众，所以没有继续追赶，折身回返，暂时进驻朝歌。

国都的沦陷，等于宣告了卫国的灭亡。

当时的卫国公族中，最有资格继承君位的是公子申。当年宣姜之乱，宣姜谋害卫国太子，却捎带着误杀了自己的亲生儿子。卫宣公死后，卫国群龙无首，发生动乱，后卫宣公庶子公子顽即位，即卫昭伯。当时，齐襄公从齐国利益出发，强迫卫昭伯娶了庶母宣姜，生下三男两女，分别是：齐子、公子申、公子启方、宋桓夫人、许穆夫人。公子申是卫宣公的孙子、卫昭伯的儿子，自然完全有资格继承君位。

在宋桓公（其夫人是卫国公女）的支持下，卫国人立公子申为君，此即卫戴公。

即位后，卫戴公点检人数，发现从赤狄刀口下逃出来的朝歌人共有男女730人，再加上从共地和滕地逃来归附的百姓，一共只剩下5000余人。卫戴公知道，仅凭这点人，复国的希望微乎其微，无奈中，他带人来到黄河以南的曹地，匆忙中建起一片参差错落的茅草房，作为他们的暂居之处。

不过，只有天知道他们要"暂居"多久。

诸侯虽已经听说了卫国的遭遇，但只有齐国和宋国给予了帮助。齐桓公命其庶长子公子无诡率兵车三百辆、甲士三千人守卫曹地，并赠送给卫国人上等马匹、祭祀服饰、建筑房屋所用木料及牛、羊、猪等三百头。

虽然得到了这种慷慨援助，卫国人的日子依然不好过。尤其是卫戴公，悲愤和屈辱让他寝食难安。

　　然而，即便是这样艰苦窘迫的生活也没维持很长时间。一年后，卫戴公壮志未酬身先死，在满腔悲愤中离开了人世。

　　卫国贵族顾不得为国君的去世而悲痛，急忙迎立在齐国避难的公子启方即位，是为卫文公。

　　与此同时，眼见母邦沦陷而悲愤不已的许穆夫人[①]也在不遗余力地奔走呼号，向各诸侯国请求援助。正在邢国处理善后工作的齐桓公听说了卫国遭遇的厄运，深表同情，又让公子无诡率齐国军队向卫国进发，旨在驱逐赤狄。

　　再看另一边，赤狄人已经将朝歌糟蹋得不成样子，一听说齐国大军打了过来，随即弃城而逃。公子无诡率领齐国军队一路追击，滚滚战车将赤狄人的步骑组合驱赶出了卫国。

　　不久后，在齐桓公主持下，卫文公在黄河之滨的楚丘（今河南滑县）营建起新都城，卫国得以复国。

　　经此劫难，卫国彻底从一个大国沦为实力孱弱的二流小国，饱受惊吓的卫国人因此产生巨大的恐惧心理。在这种心理驱使下，他们把齐桓公看作忠实可靠的保护人。在卫国人的溢美之词中，也在更多人的口口相传中，齐桓公和齐国的名声益胜——在华夏世界，已经无人不知齐国国君吕小白的大名。

　　[①]　许国国君夫人，中国历史上第一位女诗人。——编者注

3　楚与齐：是兄弟还是死敌

当然，困扰周王室和整个华夏世界的大麻烦，除了来自北方的"北狄"，还有来自南方的"南蛮"。

而且，这来自南方的麻烦一点也不比北方小。

《史记》记载，齐桓公争霸时期，王室衰微，诸侯不朝，"齐、楚、秦、晋为强"[①]，这就是说，从春秋时代起，楚国就已和齐国、晋国、秦国一样，成了跺跺脚就能震动天下的强邦大国。

齐国的强大，源于姜太公和历代先君打下的好基础，齐桓公正是充分利用这个好底子，调动了齐国上下的积极性，取得了非同一般的政治特权。

晋国的强大，源于它与周天子同宗的特殊身份，以及优越的地理环境：地处高原，进可攻、退可守，并且还是优良的产粮基地。

秦国的崛起，主要是因为被蔑称"戎秦"的秦人对华夏世界的积极靠拢。如果说秦立国之初，华夏诸侯还对它心存芥蒂，那么到了齐桓公的时代，秦国就已经在某种程度上被中原接受了。比如，秦国和晋国数代通婚，以至于有了"秦晋之好"这个成语。

---

① 《史记·齐太公世家》。

而楚国与这些国家有所不同。

齐国和晋国两国，都是在西周初年被册封的诸侯，"齐人"和"晋人"很快就形成规模，并且形成了以周文化为根基的本国文化。秦国虽然是在东周初年立国，但秦人在西周时期就已经拥有较强实力，他们能和西北方诸多戎族相抗衡，证明其力量已经足够强大。

而一直以来，楚人都不过是个小小的氏族，到了周朝，虽然得以立国，但也只是个封地仅有方圆五十里的小国。

然而，在短短的 100 多年中，楚国就迅速崛起，成了可以和齐、晋、秦等国相提并论的大国。正因其节奏之快，才吓到了中原诸侯。而斥之为"荆蛮"，不只是因为蔑视，还出于一种深层的恐惧。

西周初年，楚国北方是拥有精良兵器的周王朝，南方分布着很多野蛮好战的渔猎民族。楚国区区弹丸之地，却能在发达文明和野蛮部落的夹缝中生存并壮大，自有其原因。

首先，楚国所在的江汉平原，湿润多雨，属于亚热带季风气候，从气候上来说是比较舒适宜人的。但在当时，这种多水环境并没有引起中原各国的兴趣。

众所周知，中原各国是典型的北方粟作农业，中原人精于种植粟米，所以只对能出产粟米的土地感兴趣，而江汉平原种植的是水稻，自然引不起兴趣。并且，在西周前中期，就连稻作农业在此地也不发达。放眼望去，到处都是野草和树木，开垦起来十分困难。因此，吃惯了粟米饭并且刚好能吃饱的周王朝臣民，并未将楚人的居住地看作必取之物。

其次，跟保留许多原始部落作风（如巫觋信仰、人殉制度）的殷商相比，提倡礼乐教化的周王朝对待它的邻居还是比较友好的。与素来穷兵黩武的商人相比，自称"华夏"的周人温文尔雅，他们既已册封楚人为诸侯，就不会出尔反尔，更不会贸然用兵。

最后，楚人所秉承的"文化"也是让他们避免灭亡的原因。楚人是颛顼的后裔，与北方华夏族同源，他们薪火相传了许多优秀的中原文化，这些衣着得体、谈吐优雅的人，很容易赢得南方部族的好感，他们可以从掌握着精湛技艺的楚人那里学习闻所未闻、见所未见的新技术。在这些半开化甚至未开化的人眼里，这些已经得到周天子册封的楚人，无疑是地地道道的"城里人"。在氏族、部落、部族和方国遍地开花的西周前中期，杂居混处是一种社会常态，只要有足够空间，南蛮诸部是不会花费大气力去骚扰楚人的。

毫无疑问，楚人时刻准备着改变自己的命运。

在楚国的发展史上，楚人先在江汉平原北部兼并了一些土著部落，稳固了脚跟。历经几代人传承，到了第九代楚子熊渠当政时，恰好也是西周第九代天子周夷王君临天下。周夷王算不得庸主，但也绝对不是明君。如齐桓公的哥哥齐襄公曾攻打近邻纪国，原因之一就是纪国先君纪炀侯曾向周夷王进谗言，污蔑齐国先君齐哀公。结果周夷王听信谗言，将齐哀公召至镐京，然后残忍烹杀（放到大锅中烫死），导致齐国人在惊惧的同时也对周王室心存怨恨。在经历了成王、康王、昭王、穆王等盛世年华后，周王室的实力和威望已经大不如前。趁此时机，已"得江汉间民和"的楚国人，开始在国君楚子熊渠的带领下，向江汉平原的南部地区进行武力扩张。

此时，落入楚人眼中的第一个目标是庸国。

庸国位于楚国以南，国都上庸（今湖北省竹山县西南）。周武王对殷商发动总攻之前，曾对四方诸侯作过这样的战前动员："我有国冢君，司徒、司马、司空、亚旅、师氏，千夫长、百夫长，及庸、蜀、羌、髳、微、卢、彭、濮人，称尔戈，比尔干，立尔矛，予其誓。"① 在周武王唱念出自己盟友的名号时，"庸"这个在中国人眼中十分陌生的部族排在了第一位，甚至排在了颇为中国人所熟知的蜀人和羌人之前。这说明，至少在殷商末年，庸国就已经非常强大了，远非当时一文不名的楚人所能比。

不过，就历史资料分析，庸人似乎与周人（华夏人）的血缘关系较疏远，而且从其地理位置来看，他们应该属于南蛮族系中的一支，拥有比较发达的文明。而且估计他们与创建了与华夏文明截然不同的三星堆文明的古蜀人关系比较亲密。

牧野之战结束后，作为周武王剪灭殷商的重要盟友，庸人获得了极为丰厚的报偿：他们的领土横跨汉水和长江，几乎囊括了整个今湖北省。物产丰饶的江汉平原不过是他们的"内陆"，其强大程度，甚至超过了周王室分封在汉水之北的那一票同宗诸侯——汉阳诸姬。

楚子熊渠出其不意地攻打了庸国国都上庸。庸国人根本没有想到小小的楚人会对他们刀兵相向，猝不及防中全军溃败，楚人控制了大部分庸国故土，势力范围得以大面积向南扩展。

失败的庸人只能被迫接受楚人给予的命运。因为不是华夏人，与周人没有亲密的血缘关系，所以周天子和华夏诸侯似乎也懒得过问。战败的庸人或者迁徙，或者躲入山间密林。但他们的生存地域，仍在楚国的势力范围内，之后便慢慢演化为楚国内部的少数族群。再后来，就成了地地道道的楚人。所谓"民族融合"，其过程也大致如此。

---

① 《尚书·周书·牧誓》。——编者注

　　当然，楚人并未停止挥舞手中的短刀和长矛，他们兵锋所指，继续向扬越之地进发。

　　这里提到的扬越又称"扬粤"，属于越人的一支。越人即"百越"，史学家吕思勉先生认为，长江以南的民族皆可称为"越"。这就是说，"百越"也就是华夏人口中的"南蛮"的一部分，甚至这两个名词所指的地理范围有大面积重叠。

　　百越之所以为"百"，是因为种类繁多，其中比较大的如生活在今江浙的名"吴越"，生活在今福建一带的名"闽越"，生活在今广东一带的名"南越"，生活在今广西一代的名"骆越"，而生活在今湖北、江西一带的名"扬越"。

　　由此可见，百越并不是单一的民族，这些部族彼此之间保持独立，互不统属，甚至有的部族之间完全没有交集。而且各部族也从未将彼此视为"自己人"。至少自殷商起，扬越人就活动于长江中下游地区，江汉平原是他们世世代代生存的家园——丘陵上、盆地里、河谷中皆有他们勤劳耕作的身影。与其他那些过着采集、渔猎生活的南蛮部族不同，扬越人掌握着先进的稻作农业，是种植各种稻米的能手，这种技术可能是他们从生活在东方的表亲（如吴越）那里学来的。

　　楚国人能渡过长江向南扩张，说明他们的生产力已相当发达。毕竟，那时渡过茫茫长江的难度不是一般大，没有能力制造足够数量的舟船，是不能做到这一点的。而他们选择向南扩张，不是出于兴趣爱好，而是受到一种本能的驱使——我们需要粮食，生活在北方的中原人我们惹不起，他们的粟米我们无福消受，我们只能去抢夺扬越之地的稻田！

因此，向南扩张，就奠定了楚人稻作农业的基础，也奠定了和属于粟文化的中原人的差异，而在中国普遍喜欢"大同"的时代，差异就代表着矛盾，而矛盾又意味着战争。

楚人攻占了扬越之地，扬越人被迫迁移到更往南的江西地区。所幸，已经得到大片稻田的楚人没有继续追赶，即没有对扬越人赶尽杀绝。也许是楚人觉得自己已经"太往南了"，他们便来了一个急转弯，改变了进攻方向。

在熊渠带领下，楚国人顺江而下，又闯入了鄂人的势力范围。

楚人对这个以鳄鱼为图腾的部族并不陌生。这支从黄帝部落中分化出来的氏族，原本生活在黄河流域，后来在今山西省乡宁县的区域立足，成了臣服于殷商的方国。商末，鄂侯与姬昌、九侯并列为殷商的"三公"。后来，帝辛强纳九侯之女，欲与之淫乱，结果被九侯之女怒斥。帝辛一怒之下将其杀害，并且诛杀了九侯。鄂侯因九侯惨死而与帝辛据理力争，结果也惨遭杀害。从此，鄂人与殷商交恶，不久便助周武王灭商，又成为周的诸侯；西周初年，鄂国在与晋国的战争中败下阵来，为了躲避晋人的迫害，鄂国遗民纷纷迁移到今河南南阳之北的区域，重新建国，国号仍为"鄂"。后来楚国在江汉平原崛起，慑于"荆蛮"的威胁，鄂人选择躲避，再次迁移，将国址搬迁到今湖北鄂州市以东，仍称鄂国。

毫无悬念地，楚人战胜了鄂人，攻占了他们的都城，杀掉了他们的国君，征服了他们的臣民。古老的部族就此消亡，大多数幸存者融入征服者，成为楚人。

经历了这些胜利，熊渠开始有点找不着北，他自恃控制了物产丰富的江汉平原，便不把周王室乃至整个华夏世界放在眼里。然后，他做出了让人瞠目结舌的举动：自立为王。

当殷商灭亡后，天下的国家和部族都知道，天下只有一个至高无上的王，那就是周天子。但熊渠竟公然无视这个至高共主，在刚刚打下的江汉平原自立为王，将自己的国格提升到和周王朝同等的地位。

而且，熊渠还说出了这样一句著名的话："我蛮夷也，不与中国之号谥！"①

这分明是在说：楚人就是蛮夷，不是你们自称为"中国"的中原人，也不稀罕什么华夏不华夏！我们就按照我们蛮夷的方法，处理我们自己的事情！——我就是这样脾气，我就是这样秉性，我就是这样汉子！你爱咋地咋地！

并且，为了表示自己和周王有同等地位，熊渠还效仿周王朝的封建制度，将刚得来的江汉平原一分为四，并册封长子熊康为句亶王，次子熊红为鄂王，三子熊执疵为越章王。同时还鼓励三个儿子继续开疆拓土，以扩大楚人的地盘。

但是，楚国人的威风没能维持多久。周夷王驾崩，其子姬胡即位，这位天子的另外一个称呼更广为人知：周厉王。如果说周夷王昏庸，那么周厉王则是典型的暴虐。周厉王身不正，却不允许民间有人说自己的不是。为了杜绝流言飞语的散播，他派出许多特务，在国都镐京的街头巷尾秘密调查，一旦发现有人议论自己就予以重罚。卿士召公劝说他："防民之口，甚于防川。大水越堵越泛滥，百姓越堵越危险，为了天下社稷长治久安，应该让百姓有一个宣泄的途径，不应该对他们管理太过严苛！"周厉王不听。三年后，果然发生了国人暴

---

① 《史记·楚世家》。

动，镐京百姓围攻王宫，将周厉王赶出了天子之都。由此可见周厉王之"厉"。

楚人在暴虐的周厉王面前也矮了三分。因为害怕周厉王征伐自己，熊渠去掉了自己的王号，仍称楚子。

虽然称王是一次不成功的尝试，却足以说明楚人心中的躁动，而这种躁动明显区别于齐国、晋国、秦国这三个春秋时期的大诸侯国。齐国、秦国以及由晋国分化而来的韩、赵、魏三国，都是到了战国中期才开始纷纷称王，与熊渠称王相距三百余年。

这其实就是一种文化差异。

齐国从立国之日起就十分强大。姜太公带着他那些与周人有文化渊源和血缘关系的姜姓氏族，来到了被称为"东夷之地"的山东。然后在一系列战争、谈判、威逼利诱中，鲸吞和蚕食了许多东夷部族。"齐国人"的范围在逐渐扩大，血缘也越来越复杂，与之相应的，是齐国的地位越来越稳固，越来越受尊重，而到了齐桓公的时代，他更是让齐国国势达到了一个巅峰，成为同时期绝无仅有的"超级大国"。然而，齐国从未想过向周天子的威严挑战，它只想做周天子的"孝顺儿子"。

晋国与齐国的情形大致类似。

秦国和楚国倒是有许多相似之处。据史书记载，秦人也是黄帝后裔，而且和楚人一样，也源出黄帝的孙子颛顼，两个氏族的祖先有着千丝万缕的血缘关系。秦人在夏、商两代皆侍奉过中央王朝，商末周初，秦人先祖恶来因侍奉商纣王而被周武王杀死，其族人畏惧受到牵连，渐渐疏远了华夏，迁徙到西北，与戎族和狄族杂居混处，渐渐地被中原人视为"戎秦"，和戎狄没什么区别。周幽王时，犬戎入侵，秦人奔赴骊山勤王，驱逐犬戎，然后和郑、卫等国护送周平王东迁，因此得到周王室的好感，被正式册封为诸侯。

楚人因帮助周武王灭商建立西周而被册封，秦人因护送周平王东迁建立东周而被册封。同样是华夏先民的后裔，同样居住于远离华夏世界的蛮夷之地，两国的情况何其相似。

然而，到了齐桓公所处的春秋初年，秦和楚的国际声誉相去甚远：在中原诸侯眼中，秦国已成为秦晋之好的典范，而楚国还是自号为王的疯狂。

楚国的崛起和齐国、秦国崛起的情况基本一致，都存在不同程度的"夏君夷民"。即他们都在通过各种方式对原住民进行征服，不遗余力地扩大自己的领地和影响。只不过，齐国、晋国、秦国得到了周天子的承认，甚至是出于周天子的授意，而楚人的举动，却很有擅作主张的味道。而且楚人的许多所作所为，甚至根本是周王室不想看到的，自然也就得不到认可。

所以，华夏世界纷纷将楚国的崛起视为叛逆之举，从而心存戒备。

由此可见，即便"礼崩乐坏"的时代，周天子还是具有很大影响力的。如果说西周的周天子是一个政治符号，那么东周的周天子就只剩下一个文化符号了。无论是何种符号，它的存在都是十分必要的，在某些特定的时刻，作为文化符号的周天子同样具有权威，这尤其成为春秋时代的特色。

秦人仰慕华夏文化，并且愿意向中原华夏靠拢，表现在他们不顾一切地勤王救周，而且即便是被华夏人轻视为蛮夷，他们依然心胸坦荡地一笑置之。楚人未必厌恶华夏文化，但他们讨厌"华夏人"，而且并不想完全融入华夏世界。在被中原人斥为蛮夷时，他们立即充满敌意。其表现在许多方面：比如自称蛮夷，比如自号为王，比如一直不遗余力地挑战周天子的权威。

对于华夏人来说，判断一个人是不是华夏人，不是去做 DNA 鉴定，而是从衣、食、住、行等方面来判断。如是否说华夏语言，是否穿华夏衣衫，是否承认周天子的至高共主地位……是则是，反之则非，又因为"非我族类其心必异"的观念深入人心，所以，"非我族类"的楚人理所当然地就被中原人集体排斥。

楚人懂得这个道理，是在熊渠称王的两百年之后，而教训这个桀骜不驯的国家的人，正是齐桓公。

前面已经讲过，春秋时代的一个标志是"弑君潮"的频繁出现。为了获取更大的政治利益，臣弑君、下克上的事件层出不穷。而与华夏诸侯不同的是，地处江汉的楚国早在西周时期就已出现这种情况：熊渠死后，其次子鄂王熊红继位，三子熊执疵则杀兄熊红自立；熊霜死后，他的三个弟弟竞相争夺君位，为此大开杀戒，死伤甚重；熊通也通过杀害其侄子而自立，是为楚武王。

在楚国历史上，楚武王熊通和其先君熊渠一样具有重要地位。

楚武王在位时期，春秋时代已经来临，华夏世界的动荡业已显露苗头：晋国公族内乱，手足相残；郑国发生叔段之乱并且和周天子交恶；卫国人杀掉了君主卫桓公；鲁国人杀掉了国君鲁隐公；宋国人杀掉了国君宋殇公；郑国人杀掉了国君郑昭公；齐国人杀掉了国君齐襄公……看到这种情形，楚人多半会窃喜，然后冷笑一声：你们不是自诩"华夏"吗？不是自诩"礼仪之邦"吗？难道这就是你们"华夏"的"礼仪"吗？

趁此机会，楚武王在江汉平原大举挞伐。仰仗着前几代国君励精图治得来的坚实国力，他进一步征服了江汉平原的诸多蛮族部落，完成了对楚国势力范围之内不同势力的"肃清"，将楚国打造为一个洁净单一、清朗安宁的楚人国家，史称"楚武王大启群蛮"。

从开国君主熊绎开始，楚国虽然一直处于躁动不安的状态，发动过无数次战争，但战争的对象往往是与华夏人血缘疏远的南蛮系的诸侯和部族，比如庸国、扬越等。只对非华夏文化系统的势力用兵，说明这时楚人尚对华夏心存忌惮。而到了熊通的时代，楚人已经开始觊觎华夏世界的沃土，他们已经不满足于"饮马长江"，而开始对"问鼎中原"产生了浓烈的兴趣。随后，熊通率军北上，兵陈随国都城之下。

随国，"汉阳诸姬"之一。周朝建立之初，周王室为对抗东夷而立齐国和鲁国，为对抗北方戎狄而立晋国，为对抗南蛮，他们在汉水之北分封了许多中型国家，其中比较大的有随国、息国、应国。这些诸侯国和鲁国、燕国、晋国一样，是姬姓诸侯，他们与周天子打断骨头连着筋，因分布在汉水之阳，故称"汉阳诸姬"。

数百年来，汉阳诸姬出色地完成了对南蛮部族的遏制工作，并在这个过程中充实了自己的力量。其中，随国的实力最为强大，被公认为汉阳诸姬之首。

与其他国家不同，楚武王没有吃柿子拣软的捏，他一出手，就对当时实力强大的随国动刀动枪。

随国人对于楚国毫无来由的征讨，耸了耸肩，无辜地说："我无罪。"①——我们并没有犯什么过错，你凭什么攻打我们？这委屈的倾诉，虽然既天真又愚蠢，却彰显出传统的贵族精神。

然而，不按常理出牌的楚武王这样答复："我蛮夷也！今诸侯皆为叛，相侵或相杀。我有敝甲，欲以观中国之政，请王室尊吾号！"②

这是赤裸裸的威胁论调。而且，这种论调的逻辑和当年的熊渠一样吊诡：我是蛮夷（言下之意我好战）！如今中原诸侯一个个都背叛了周天子，彼此之间相互攻打，而我们楚国也有厚甲强兵（自谦为"敝甲"），我也想去参加中原的政治 Party。所以，我请周天子给我册封更高的爵位（你祖宗给的小小子爵我不稀罕了）！

随国人早就知道楚人的蛮勇无畏。因为当他们在江汉平原大张挞伐的时候，一定有很多部落的遗民渡过汉水逃到了随国境内。这些人必定会将楚人的恶劣行径传扬开来，其中还伴随着添油加醋的再加工。随国人虽然有能力装备精良武器却不喜欢打仗，他们急于息事宁人。而后，随侯竟亲自去朝见周天子，恭请周王室给予楚人以更高的爵位。

周天子哭笑不得，不但严厉地回绝了随侯的请求，还对随侯的荒唐举动大加斥责。随国人也是实在人，随侯回到随国后，第一时间派使者南下楚国，向楚子熊通传达了周天子的意思：安安分分做子爵，不要有非分之想。

楚武王大怒。

两年后，向天下示威的时机已经成熟，楚武王遂公然说出这样一

---

① 《史记·楚世家》。
② 《史记·楚世家》。

段惊天动地的话："我的祖先鬻熊是周文王的老师，未被册封就寿终正寝。周成王时，先君熊绎受封子男之田，建立楚国，兢兢业业，让南蛮不能北上作乱中原，而周王室不为楚国晋升爵位，既如此，寡人干脆就自立为王！"

这是楚人第二次自立为王。不过，与之前那次不同的是，这次自号为王不是楚人自己躲在家里玩。楚武王强迫随国和他们订立了盟约。这就意味着，楚国已经不在乎中原对他们的看法，也不再担心中原的征讨。

而此时的中原王朝，竟没有什么大的反应。周王室所做的，仅仅是把和楚国结盟的随国数落了几句。

别人都不跟楚国这个"坏孩子"玩，唯独随国和他玩。他的家长恨他不争气，劈头盖脸骂了一通。这时，随国看到别的孩子看他的目光和看那"坏孩子"的目光一模一样，也把他当成了一个怪胎，产生了羞愧之心，遂开始疏远"坏孩子"楚国。楚武王便以随国背弃盟约为由，率军北上，渡过汉水，逼向随国。随国只好迎战。

这是一场硬仗。楚国大军不断涌上，随国的战车也不断冲进楚军军阵，战场的上空飞扬着截然不同的羽箭，鲜血染红了滔滔汉水……

战争结束了，双方不分胜负。

而战争结束的原因是：楚武王熊通死在了乱军之中。

虽然不分胜负，但对楚人来说，他们是失败者，因为他们的王死了。

和中原人一样善于学习的楚人总结了失败的经验：我们的军队数量不比随国少，我们的战士不比随国士兵怯懦，我们的战术不比随国陈旧……几乎所有的方面，我们都没有不如随国的地方！

楚国唯一的软肋是兵器。

在战场上，尤其是冷兵器时代，兵器精良与否决定着士兵战斗力的强弱。试想一下，手持木棒的关云长也未必是提着龙泉剑的小乔的对手。而且，装备的优劣也决定着士兵是否会产生优越感，进而影响到他们的士气——拥有石头兵器的战士就拥有石头的意志，拥有青铜兵器的战士就拥有青铜的意志！

商、周两代，可说是中国的"青铜时代"。与古埃及、古巴比伦等早期文明以大量黄金来铸造各式各样的精美器具不同，在中国贵族的生活中更多出现的金属是青铜。很早之前，中国人就学会了冶炼这种不软不硬的金属，并且成为这方面的能工巧匠，他们不但用这种具有华美光泽的金属来铸造礼器和乐器，还用它来锻造数量庞大的兵器。

1965 年，在湖北省江陵望山（今湖北荆州市荆州区川店镇望山村）出土了一把青铜剑，剑长 55.6 厘米。虽然已经深埋地下 2000 余年，但依然锋利无比。考古工作者做了一个试验，用一沓二十多张纸轻轻去划锋刃，一割即破，完全符合中国人对宝剑"吹毛立断"的定义。

这把剑就是举世闻名的"越王勾践剑"。

越王勾践剑是春秋时代青铜剑的杰出代表。当然可以肯定的是，在越王勾践剑出现之前以及之后，仍有许多名剑，经由那些默默无名却未见得逊色于干将、莫邪、欧冶子的工匠之手而问世。在以黑铁长剑征战四方的战国时代到来之前，青铜剑一直是中国战场上的主角。春秋时期的青铜剑，在锻造工艺方面无可挑剔，更是诞生了一大批常在文学作品中出现的名剑：太阿、巨阙、纯钧、湛卢……这些工艺技巧对后世的汉剑、唐刀乃至于日本刀都产生了深远影响。

楚人清楚地记得随国军士的剑是如何轻松刺穿他们盔甲的，而且随国军士人手一把青铜剑的情形让他们触目惊心。在这个中原各国普遍流行佩剑的年代，楚国人却因一种兵器而再一次被中原人伤了自尊。

周王室之所以分封汉阳诸姬，除了想让这些同姓诸侯监督和防御南蛮，还有一个极为重要的原因：让他们守护位于汉水之阳的铜绿山。

铜绿山，漫山都开着铜草花，这是一种只有在含有大量铜分子的地方才会盛开的紫色小花。铜绿山对其他民族来说，可能仅仅是一座平平无奇的并不算太高的山，但对于周人来说，这座盛产铜矿的山，是雄伟庄重的礼器，是铿锵悦耳的乐器，更是无坚不摧的兵器！

铜绿山能源源不断地为周人提供大量铜矿石，周天子想要保住自己的统治地位，就必须掌握住这些宝贵的铜矿来源。

楚人意识到了自己的不足。他们看着手中粗陋不堪的奇奇怪怪的兵器：除了为数不多的、粗糙的青铜兵刃，大多数兵器是弯弯曲曲的长矛或者斧头、木棒之类的东西。再看看随国人的精良战车和利剑长戈，楚人的野心开始蠢蠢欲动：要想问鼎中原，就必须有自己的精良兵器！

夺下铜绿山，占据这一重要产铜地，就成为楚人的首要任务。

楚武王的继承人楚文王开始为实现这一目标而不懈努力。经过十几年努力，楚国先后灭掉了权国、罗国、邓国、申国、绞国、息国。而后又征服了随国，战胜了位于中原腹地的郑国和蔡国，并俘获了蔡国国君蔡哀侯，从而彻底控制了铜绿山，成为青铜兵器锻造大国。此时楚国武士手中的青铜剑，已不逊色于中原诸侯！

楚国在熊绎时期立国，在熊渠时期夯实基础，在楚武王、楚文王时期开始壮大，最终扩张为疆域囊括湖北全部、四川东部、河南南部、安徽西部的强国，成为长江中下游平原上的一霸。

和楚国做邻居的众多国家无不胆战心惊。

楚文王死后，其子楚成王暂时放下姿态，结好诸侯，并和周王室拉关系。楚成王元年，楚成王向周王室朝贡，得到周天子"赐胙"，也就是赏赐祭肉。

赐胙是个十分特别的讯号：周王室认可了楚国，不仅承认了它的地位，还承认了它的王号。更重要的是，承认了它的实力。

当然，周天子在举行过赐胙仪式后，还故作威严地特地嘱咐了一句，以挽回一点颜面："一定要好好镇守南方，管理好南方夷越，不要再进犯中原！"

其实，这句话的潜台词是：你在长江南，我在长江北。你做你的王，我做我的王。你敬我一尺，我敬你一丈。天南和海北，咱俩井水不犯河水！

或者说得再透彻一点，就是周天子服软了。

拿到这张王牌后，楚成王更加有恃无恐，继续先王未竟的事业，楚国的疆域进一步壮大，"于是楚地千里"。

从方圆五十里的子男之国一跃成为幅员千里的大国，这个"荆蛮"似乎已经战胜了骄横不可一世的华夏世界。

自古以来，中国就有许多别称，如华夏、中华、中州、神州、赤县，其中"华夏"一词最广为人知，因为中国人自称"华夏儿女"。

其实，"华夏"这个词是周朝才出现的。《尚书》对这个词的解释是：中国有礼仪之大，故称"夏"；有服章之美，故称"华"。中国人既有礼仪制度又有华美衣衫，所以自称为"华夏"。后来，随着时间的推移，"华夏"慢慢成为周人以及与周人有血缘关系的一类人的称呼，也就是说这是个范围不断扩大的词汇。周王朝建立后，以华夏人为统治阶级的诸侯国遍地开花，这些华夏族治理之下的土著人，很快就变成了和他们一样的人——也成了华夏人。周人的伟大之处也在此，即让许许多多、各种各样的人群消除氏族、部族、民族隔阂，把心存芥蒂转化为同胞之谊。所谓民族融合，其实就是滚雪球，就是有容乃大，就是浩瀚大海不拒涓涓细流。

而"楚人"的范围也正随着熊氏的扩张而不断扩大，诸多不知名号的南蛮人、庸人、鄂人、越人，乃至汉阳诸姬中的许多周人，都成了地地道道的楚人。但是，与齐国、晋国、鲁国等典型的"夏君夷民"略有不同，楚国似乎更适合用"夷君夷民"一词来形容——至少在正统华夏人眼中是这样。在中原诸侯眼中，楚国人不管是上层统治者还是下层被统治者，都是地地道道的蛮夷。

楚人和周人有着共同的祖先，这种渊源并不需要往上捋多少年，他们都源出黄帝部族。也就是说，"荆蛮"和"华夏"有着共同的源头。但是，楚人生存环境的改变，导致他们的文化开始改变，成为强大的周人眼中的蛮夷，进而产生了意识形态的分歧。

楚人拥有了和华夏人一样强大的实力，却因为没有与之相同的文化而彼此心存芥蒂。楚人虽将自己和南蛮夷越严格区分，华夏仍将他们视为一丘之貉；楚人自认在江汉平原高人一等，华夏仍认为他们粗鄙不堪。

但有时候，意识形态并不能决定一切。文化不同，导致华夏不认同楚人；而楚人实力增强，又让华夏对楚人心存忌惮。因此，周王室不得不承认楚人的既得利益和现有地位——这不是周天子宽宏大量，而是他无可奈何。

这个时候，齐桓公出现了。对于周天子和他身后的华夏诸侯来说，这位名叫"小白"的齐国君主，无疑是来给这个自称"华夏人"的群体出气的。

通常情况下，一个人谦恭有礼，我们就说他是"文明人"。文明人的确与文明的出现息息相关。人类脱胎于动物，文明从野蛮中诞生，文明就是对野蛮的修正。所有的文明人在远古时代都是盗贼，文明就是人类之间相互约束，文明就是立规矩，就是谈条件。易中天在一次讲演中说：强盗不再滥杀无辜，他们丢掉手中的刀，拿起算盘，成了彬彬有礼的商人，这就是文明！

文明的出现让人类这个物种大受裨益，社会性取代了自然性，人的理性战胜了兽的本性，生活在文明社会，会让人更有安全感和归属感。

其实，很多人只关注到了文明那美好的一面。殊不知，文明也有排他性，甚至是毁灭性。当两种不同的文明相遇，其中一个发达（或者不如说"强势"）的文明，通常会灭掉落后（弱势）的文明。

不过，楚国和周王朝之间的这种文明冲突，并不是一边倒的。它们之间势均力敌，难分胜负。而且，这种较量并没有随着春秋时代的结束而结束。一直到秦汉时代，楚文化仍对中国产生了不可估量的影响，比如西汉建立后，具有"国服"地位的汉服，正是以楚服为基础而发展起来的。

但一直以来，华夏人都没有放弃努力，他们希望楚国人放弃他们的杂交文化，潜心归向王道，做个真真正正的华夏人。

楚成王拿着周天子给予的令箭，大肆征讨四方蛮族，只顾着开疆拓土，竟然将朝觐天子这样一件重要的事抛之脑后——这足以证明周天子在楚成王心中的分量之轻微。

齐桓公早已打出了"尊王攘夷"的旗号，号召诸侯尊勤王室、攘斥夷狄。因此，朝觐周王室成为诸侯必不可少的功课。然而这一天，当每年一次的朝觐仪式即将开始时，齐桓公却没有看到楚国的幡旗；当周天子主持的祭祀进行到一个环节时，诸侯们又发现缺少一样工具——苞茅。

苞茅即捆扎成束的菁茅，是"缩酒"的工具。菁茅是一种禾本科植物，周身长有细密茸毛。周天子在举行祭祀仪式时，要用到一种清酒，但当时酿酒工艺不发达，刚酿出来的酒十分浑浊，需要用苞茅对其进行过滤，这个过程被称为"苞茅缩酒"。而苞茅正是楚国应进贡的方物，也就是贡献给周天子的土特产。

但楚国人缺席了。诸侯们看到中断的祭祀仪式，喊喊喳喳起来。周天子为难地望向齐桓公。

齐桓公只给了周天子一个恭敬而有力的眼神：我办事，您放心！

回到齐国，齐桓公随即开始行动了，他誓将华夏世界的秩序捍卫到底，决定给楚国一个措手不及。不过，借口呢？很快，这个借口就出现了。

齐桓公二十九年（前657年）的一天，齐桓公和夫人蔡姬在水中泛舟。齐桓公不识水性，堪称游泳健将的蔡姬便跟他开玩笑，故意晃动小船。齐桓公吓得脸色大变，几次喝令停止，蔡姬就是不听。齐桓公大怒，一上岸就将蔡姬赶回了娘家蔡国。在古代，丈夫把妻子赶回娘家，有一种目的是让妻子反省，并不是休妻离婚的意思。可蔡侯见自家女儿被赶回来，脸上无光。心想既然齐国不给蔡国面子，那么蔡国也不给齐国面子！于是不顾礼仪规范，又将蔡姬转嫁他人。

不久后，齐桓公派使者去接蔡姬，却听说妻子已是他人妇。惊讶的他感到十分生气，义正词严地斥责了蔡国一女侍奉二夫的背信弃义之举，然后宣布，将率诸侯联军攻打蔡国。

次年，齐桓公率军南下，与蔡人交战，蔡国全军溃败。

既已给了蔡国人惨痛教训，诸侯们便以为宽宏大量的齐桓公就会撤兵。没想到，齐桓公却忽然下达了这样的命令：继续南下，进攻楚国！

原来，齐桓公纠集鲁、宋、陈、卫、郑、许、曹等国攻打小小蔡国，不过是障眼法。他的真实意图是出其不意地进军与蔡国接壤的楚国。就这样，数十万诸侯联军以迅雷不及掩耳之势在楚国北部平原驻扎，颜色各异的八国旌旗在风中猎猎招展。平原适合战车作战，八个诸侯国的数千乘战车，轻而易举就可以攻克楚国。

楚国人本来想趁中原诸侯自相争斗而坐收渔利，这时看到中原战车在隆隆鼓声中逼向江汉平原，顿时陷入了慌乱。

楚成王不敢与齐桓公正面对抗。何况，不久前楚国就已在齐国的经济策略中栽过跟头（买鹿制楚的故事），和楚国群臣商议后，他派了一个使节去见齐桓公。

到了齐国军中，楚国使者问齐桓公："齐侯居于北海之滨，敝国居于南海之畔，此为风马牛不相及也！没想到您却率军进入我们的国土，请问这是为何呢？"

管仲代齐桓公回答说："昔日，召公代表周王室对我齐国先君太公望说：'五侯九伯，汝实可征之，以夹辅周室！'并且为我们齐国划定了征讨的范围：东到东海，西到黄河，南到穆陵，北到无棣。你们楚国没有向周天子进贡苞茅，无以缩酒，以致祭祀不能进行，是故寡人来向楚国征收属于周王室的贡物。此外，当年周昭王南巡，未能返回镐京，寡人也特来查问！"

所谓周昭王南巡，其实是西周第四代王周昭王征讨楚国的事件。只不过这位天子出师未捷身先死，渡河时忽然沉船，溺毙河中。有种说法是，周昭王所乘坐的船被楚人动了手脚，黏结船板的胶在沾到水时快速溶化，最终导致周昭王沉于汉水。

听到管仲的质问，楚国使者回答说："没有贡献方物，这事是有的，我们承认这是敝国国君的过错。至于周昭王死而不返的事，还是请齐公去水边问一问吧！"

齐国人气势汹汹，楚国人也嚣张跋扈，这是一次针尖对麦芒的谈话。楚国使者和齐国君臣不欢而散。

而后，齐桓公率军继续南下，大军临时驻扎在陉（今河南漯河市郾城区）。

楚成王看到汉水北岸的诸侯联军，如坐针毡，马上又派重臣屈完前去游说齐桓公。

这时，齐桓公下令将军队后撤至召陵。

齐桓公的意图是用浩大的声势去震慑楚国使臣，从而达到不战而屈人之兵的目的。他让诸侯联军在平原上摆成整齐的阵列，战车如山，戈矛如林，旌旗猎猎，威势逼人。当屈完到了军中，他就邀请屈完同乘一辆战车，在阵前驱驰，观看军容。尽管屈完知道齐桓公的用意，但当他看到装备精良并且数量远远超过楚国的诸侯联军时，他还是大为惊骇。

这时，齐桓公不失时机地说："列国诸侯难道是为不谷^①而来的吗？他们是为了继承吾等先君的和睦关系才来的呀！——贵国君主也同不谷建立友好关系，如何呀？"

屈完是个聪明人，知道顺坡下驴，他急忙态度恭敬地说："承蒙齐侯惠临敝国并为敝国国君寻求福祉，您愿意接纳敝国国君，敝国国君荣幸之至！"

齐桓公却又忽然望着诸侯联军，意味深长地说道："率领这样一支军队去作战，有谁能抵御得了呢！率领这样一支军队去攻城，什么样的城池攻不下呢！"

屈完知道，刚刚只是利诱，现在就是威逼了。可是，面对齐桓公咄咄逼人，屈完没有惊慌失措。他反而淡定地说："如果齐公用仁德来安抚诸侯，谁敢不服？如果您要用武力的话，那么我们楚国就以方城山为城墙，以汉水为护城河，您率领的人马再多，也无济于事！"

齐桓公爱才，对于屈完的机智应答，他十分欣赏。而且这个楚国人已经代表楚国国君服软并承认错误，他兴师动众南伐荆蛮的目的就达到了。于是，齐桓公率中原诸侯和楚国举行盟会，订立盟约。盟约上要求楚国必须按时觐见周王室，贡奉方物。

在齐桓公努力下，这场由一把茅草而引发的风波就此结束。楚国也开始以一种半推半就的姿态"回归"华夏大家庭。和其他诸侯一样，按时朝贡，不逾规矩，之后很长一段时期，这个好战的国家都没有再在中原兴风作浪。

---

① 即不穀，是国君自谦的称呼。——编者注

中原诸侯已经了解楚人的历史渊源和文化习俗，所以他们对待楚人明显不同于其他"四夷"。所以我猜想，齐桓公多半是以这种心态来接纳楚国的：你虽是荆蛮，却与我同宗、与我同文，但愿你也能与我同袍、修我戈矛！

4 霸主

事实上，齐桓公对周天子未必有什么深厚的感情，但有一点齐桓公应该很清楚：有周天子和没周天子的区别是巨大的。

有周天子，天下叫"周"，天下是"一"，不是"二"，也不是"三"，更不是"七七八八"。而如果没有了周天子，那么只会出现一种情况，即人人都想成为天子。而成为天子的唯一途径就是争权夺利。因此，周天子必不可少。他所维护的不是周天子，而是由周朝奠定、发展、稳固的"秩序"。

但是，尽管齐桓公一而再再而三地扶持王室，可这个血统高贵的家族只想做扶不起的阿斗。

当四方蛮夷纷纷入寇、华夏诸侯内斗不休时，周王室内部的大乱斗也没有一刻停止。历史已经证明，无论封建社会还是中央集权社会，"明君"都是极为稀有的物种。

早在齐桓公还是个寂寂无名的一方诸侯时，周王室内部的"拜占庭式阴谋"就已经让华夏诸侯纷纷侧目了。周桓王在和郑国的繻葛之战中丢尽脸面，而在他死后，丢给继任者周庄王一个大麻烦：周桓王宠爱幼子王子克，而王子克最终发动了旨在夺取兄长王位的叛乱。经由众多诸侯纷纷干预，才最终保住了周庄王的王位。

然而，吃尽苦头的周庄王显然是个不懂得何为"前车之鉴"的蠢货。他也因为宠爱幼子王子颓而有废掉太子胡齐的打算，只是因为周王室卿士的阻拦而未能成功。

周庄王死后，太子胡齐即位，是为周僖王。周僖王一即位便发现王畿内弥漫着一股拥立王弟王子颓的空气，他因此寝食难安。这时，刚开始争霸之旅的齐桓公派使者抚慰周僖王，表示将不惜一切代价拥护周僖王的正统王位。听到齐桓公的保证，周僖王这才放下心来，并授予齐桓公统领诸侯去解决宋国内乱的职责。

周僖王在位五年后驾崩，太子阆即位，是为周惠王。周惠王骄奢淫逸、贪婪无度，也不是一个拥有政治智慧的领导人。比如，他曾利用天子的权力，侵夺附近妫国（位于今山西境内）的大片菜园来建造畜养猛兽的苑囿；还占用大夫边伯的房舍来扩充王宫；又强取大夫子禽、詹父、祝跪的土地田产，并收回大夫石速的俸禄……如此种种，终于触犯了众怒。

周惠王二年，备受欺凌的五大夫忍无可忍，邀请卫国出兵讨伐周惠王。而卫惠公也由于恼怒周惠王收留了他的政敌公子黔牟，积极响应求援，并唆使姞姓燕国（南燕国）加入他们的行列。数路大军围攻洛邑，周惠王惊惧不已，不敢应战，灰溜溜地逃到了郑国。

随后，五大夫和卫、燕两国国君立王子颓为王。

如果说周惠王声色犬马，那么王子颓就是花天酒地——兄弟俩半斤八两。最终，王子颓的倒行逆施也引起了诸侯们的极大不满。两年后，手中拿着周惠王这张王牌的郑厉公和虢国君主虢叔相会，密谋周惠王复辟。不久，两国军队攻入洛邑，杀死王子颓，周惠王复辟。

而经历流亡生涯的周惠王战战兢兢，不相信任何人，又时刻寝食难安。为了巩固自己的王位，他也向已经小有成就的齐桓公发出求援信。

齐国君臣已经知道了王室内乱的来龙去脉，并且早有主意，站在维护传统礼乐制度的立场上，齐桓公答应了天子的求援，于周惠王十年（前667年）率军讨伐以下犯上的卫国。卫惠公慑于齐桓公威名，承认了自己的过错。作为惩罚，齐桓公将从卫国掳获的大量物资送给周惠王。

而作为感谢，周惠王郑重地赐齐桓公为"伯"。

这一事件，可视为齐桓公争霸及齐国崛起过程中的一个重要转折。为什么呢？因为"伯"也称"方伯"，通"霸"，意思是老大。当年，周文王也是殷商的"伯"。而这次是周王室初次正式给予诸侯这种荣誉头衔。

然而，在普遍看中"虚名"的春秋时代，这个荣誉头衔的含金量不是一般的高——有了"伯"这个名号，齐桓公就顺理成章地成为一人之下、万人之上的四方诸侯之长。受周天子的信任，受天下诸侯的钦敬，受世人的瞩目……一个并不复杂的字眼，代表的却是尊崇无比的政治地位。

当然，天下没有免费的午餐，享受权益，就必须承担责任。"维护'世界和平'这个重任就交给你了！"——没有衣衫褴褛的世外高人给齐桓公一本秘籍并说出这样的话，但齐桓公得到的就是这样一个"任务线"。

在这个礼崩乐坏的时代，给这位一方诸侯之长找点事儿做并不难。其实，从他即位以来，他好像就没有闲下来过。

或许是记性不好，也或许是其他什么原因，东周数位天子都在同一个坑里栽过跟头：这个坑就是废长立幼。自己就吃过这种亏的周惠王，居然在自己的晚年也犯下了这样低级的错误。

喜欢小儿子，这在中国传统社会中算是一种比较普遍的现象。有一个著名的故事，衍生出一句俗语和一个成语："多行不义必自毙"和"姑息养奸"，这便是《左传》记载的著名故事《郑伯克段于鄢》。

类似的事情还发生在汉景帝刘启身上。汉景帝的母亲窦太后喜欢幼子——梁王刘武，数次想要长子汉景帝将帝位传于其弟，结果引发了一场不小的立储风波。

在古代，中国人比较宠爱幼子是有多方面原因的，但最重要的可能是这个：在宗法制度下，生来就是父亲第一继承人的嫡长子，往往能享受更多特权。他在宗族中能得到更多尊重，能受到更多关注，其身份之重要仅次于宗族家君，甚至是一种"副君"的地位。而嫡幼子和庶子就没有这么多优越的先天条件，他们只能作为嫡长子的"陪衬"和"辅助"出现在世人眼中。所以，认为嫡长子"已经得到太多"的父母，大都会将更多的爱倾注到嫡幼子或庶子身上。

周惠王在第一位王后去世后，宠爱夫人陈妫，立她为后，史称"惠后"。周惠王长子太子郑的生母为前王后，次子王子带的生母为惠后陈妫。惠后自然偏袒她的亲生儿子，加上周惠王也宠爱次子，夫妇二人便想废掉太子郑，改立王子带。

但是，齐桓公用自己的行动说：陛下不可以。

王子颓之乱中，齐桓公之所以支持口碑不佳的周惠王复辟，当然不是因为他对周惠王有什么好感，其出发点是维护华夏世界所通行的君位传承制度。尽管齐桓公的即位并不合乎法统，但他用行动坚持这种观点：当一种制度形成并且付诸实施，所有参与者都必须坚定不移地遵守。或许可以这样说：遵循周礼，即为道德。周惠王是嫡长子，他的王位是合法的，所以齐桓公愿意花大气力帮助他复辟。

而如今，周惠王想要破坏这种制度，齐桓公自然不能让他得逞。

周惠王二十二年（前655年），齐桓公召集鲁僖公、宋桓公、陈宣公、卫文公、郑文公、许僖公、曹昭公以及周太子郑，在卫国的首止（今河南睢县）会盟，相约维护太子郑的储君之位。并且这一住就是几个月，其间君臣诸侯和睦融洽。周惠王和惠后十分气愤，但又不能公开和齐国撕破脸皮，一来忌惮齐桓公威势，二来诸侯们的做法并无不合理之处。

但周惠王夫妇并不死心。不久，一个阴谋在王都洛邑酝酿了出来。

周惠王给关系较好的郑文公秘密通信，唆使他背叛齐国而去亲近已经势大的楚国；与此同时，他还和晋国取得了联系，妄图结成周、郑、楚、晋四国同盟来对抗齐国联军。

但齐国君臣早已洞悉了周惠王的意图，并清楚这个计划的关键是郑国——只要郑国不背叛齐国，那么四国的同盟就很难形成，因为晋国和楚国也一直在持观望态度，郑国的向背至关重要。因此，齐桓公遂挥师西进，对郑国急攻猛打，郑国军队连连溃退，灰头土脸的郑文公不得不向齐桓公投降，然后坚定不移地站到了齐桓公一方。周惠王夫妇的计划遂宣告破产。

因为齐桓公和诸侯的齐心协力，一直到周惠王于二十五年（前652年）驾崩，都没敢再将废长立幼的事公开提上日程。

而在周惠王死后，懦弱的合法继承人太子郑，却因畏惧惠后和王子带而不敢即位，他所做的仅仅是封锁周惠王驾崩的消息，然后派人去请齐桓公帮忙。齐桓公获得消息后立即率领兵马奔赴周王畿，拥戴太子郑。而惠后和王子带见齐桓公和诸侯势大，也不敢明确反对。

次年，即齐桓公三十五年（前651年），太子郑终于即位，是为周襄王。

同年，以齐国为首的列国在葵丘（今河南民权县）举行会盟，除齐、宋、鲁、郑、许、卫、陈、曹等诸侯，周王室也派代表宰孔参加了这次会盟。这就是历史上著名的"葵丘会盟"。

葵丘会盟分两个阶段。第一阶段在夏季，旨在以周天子的名义表彰齐桓公的丰功伟绩；第二阶段在秋季，旨在订立各诸侯国共同遵守的盟约。

因此在夏季，周王室的代表宰孔带着周襄王的赏赐来到葵丘。

大会上，宰孔先是发表了一通讲话，即对齐桓公进行口头奖励。而后他拿出一块胙肉。胙肉就是周王室祭拜列祖列宗所用的贡品。当然，肉好不好吃、变没变质不重要，重要的是这份殊荣——齐桓公吃的肉，是周文王和周武王在天之灵享用过的肉！

宰孔唱念道："天子事务繁忙，特命宰孔前来，赏赐伯舅（周天子对异姓诸侯的称呼）文武胙（祭拜文王、武王的祭肉）！"

然后，宰孔又让人送出两样周王的赏赐：彤矢弓和大路。

彤矢弓就是周天子才有资格使用的朱红色弓箭，大路就是周天子才有资格乘坐的高级华丽马车。

得到文武胙，意思是说齐桓公是周王室最可靠的臣子；得到彤矢弓，意思是齐桓公有权力射杀天下的无道诸侯；得到大路，意思是齐桓公可以和周天子一样到达天下任何一个地方！

在众诸侯的艳羡和唏嘘声中，齐桓公准备起身下拜接受赠赐，这是身为臣子必有的礼数。

此时，只听宰孔继续说："天子体谅伯舅年事已高，加赐一级，可以不必下拜！"

齐桓公一听，就真的准备不拜了。

这时，管仲却急忙悄声提醒："天子客气，君上却不可无礼！"

齐桓公听了恍然大悟，随之，下、拜、登、受。

这四个字是四个连续动作，即：下，离开自己座位，走到台阶下；拜，匍匐于地，恭敬稽首叩头；登，起立而后走上台阶；受，从周天子（或其代表）手中接过赏赐。

齐桓公毕恭毕敬地行礼如仪，让宰孔大为感慨，以至于史官在史书中这样言简意赅地写道：礼也！——真讲究啊！

这个细节，让天下人看到齐桓公作为霸主的一个资质：能在法理上摆正自己位置，即眼里有周天子。

同年秋，齐桓公和列国诸侯再次齐聚葵丘，葵丘会盟进入第二个阶段。

这次聚会的目的是订立盟约，就是制定一个与会各国必须遵守的"国际法规"，战国成书的《孟子》详细地记载了这次盟约的内容：

初命曰："诛不孝，无树易子，无以妾为妻。"再命曰："尊贤育才，以彰有德。"三命曰："敬老慈幼，无忘宾旅。"四命曰："士无世官，官事无摄，取士必得，无专杀大夫。"五命曰："无曲防，无遏籴，无有封而不告。"

曰："凡我同盟之人，既盟之后，言归于好。"[①]

这段盟约的主要意思是：要诛杀不孝之子，太子储君不能随便更

---

① 《孟子·告子下》。

换，侧室不能扶为正妻；尊重贤人，培养人才，对于有德行的人要给予奖赏；尊老爱幼，善待外国宾客和流亡在外的贵族；士不能世袭官职，官员不得兼做他职；卿大夫有罪，国君不得擅杀；不许乱筑堤坝（以免在位于别国的其他河段形成水患），邻国有饥荒时不得限制粮食出口，得到天子的封赏要互相告知，不可私吞独享。

最后，齐桓公号召诸侯：从今往后，与会各国要尽释前嫌，亲如一家，彼此之间不得随意发动战争！

这份盟约以维护公共秩序为出发点，以道德和荣誉为号召，以耻辱和惩罚为鞭策，可说是细致入微的"天下为公"。盟约中传达的是一种积极向上的价值观，因此列国诸侯心悦诚服，没有任何人表示反对。

经此会盟，齐桓公的霸主地位正式得到确立，他也因此成为当时中原最有权势的一个人。

如果要给齐桓公称霸的历史弄个时间表，其实是件非常简单的事，伴随着他称霸成功的是"九合诸侯"，即召集各国诸侯举行会盟。

一般来说，会盟分为两部分，首先是"会"，即聚会；其次是"盟"，即结盟并订立盟约。太史公司马迁在《史记·齐太公世家》中记载齐桓公自言"兵车之会三，乘车之会六"，言简意赅地总结了他一生中的九次会盟。所谓"兵车之会"，是说与会各国诸侯均携带兵车，这表示国际会议的气氛并不好，与会各国剑拔弩张，随时准备战斗，带有武力威胁的意味；所谓"乘车之会"，是指诸侯在参加会盟时只带着少量亲随，并且乘坐高级华丽的轺车，不会出现杀气腾腾的兵车，是气氛融洽和安全可靠的象征。

可以肯定的是，齐桓公的每一次会盟，对于他来说都是一次非比寻常的成长。

第一次，乘车之会，北杏之盟。齐桓公经干时之战战胜了鲁国，又灭掉了鲁国附庸谭国和遂国，声威大震。而后向几经周折才得以即位的周僖王朝贺，被授予解决宋国公族内乱的职责，遂于齐桓公五年（前681年）春季，与宋桓公、陈宣公、蔡哀侯、邾子克在北杏举行会盟，商议解决宋国内乱。

第二次，乘车之会，鄄地之盟。北杏会盟的同年，宋国公然背弃盟约，发动对鲁国的战争。次年，即前680年齐桓公联合陈、曹、郑三国伐宋，但齐桓公不战而屈人之兵，让大夫宁戚对宋桓公动之以情、晓之以理，宋桓公出城谢罪，重新加入齐国联盟。当年冬季，齐桓公和宋桓公、卫惠公、郑厉公在鄄地会盟，周王室派代表单伯参加了会盟，对齐桓公的义举予以表彰；次年春，齐桓公再次于鄄地会盟，订立盟约。

第三次，乘车之会，第一次幽地之盟。周僖王三年（前678年）齐桓公邀约宋、鲁、陈、卫、郑、许、滑、滕等国在幽地相会。在会上，他被列侯推举为"盟主"。诸国歃血为盟，立誓与会各国不得相互背弃。

第四次，乘车之会，第二次幽地之盟。前669年，鲁庄公迎娶齐襄公之女、齐桓公侄女哀姜，齐、鲁两国关系开始变得密切，并在不久后攻伐徐夷部族，徐夷臣服，齐国声威大震。前667年，齐桓公邀鲁庄公、宋桓公、陈宣公、郑文公再次于幽地举行会盟。这次会盟中，周惠王派代表参加，正式赐齐桓公为伯。

第五次，兵车之会，召陵之盟。前656年，齐桓公借口讨伐蔡国，率诸侯联军南下攻楚，以楚国不向周天子进贡方物而兴师问罪；楚成王派大夫屈完与齐桓公谈判，齐桓公将诸侯联军摆在召陵，而后与屈完观看浩大军容，楚国屈服。随之，齐桓公率宋桓公、鲁僖公、陈宣公、卫文公、郑文公、曹昭公和楚大夫屈完在召陵歃血为盟，规定与会各国不得发生征战，共尊王室。

第六次，兵车之会，首止之盟。周惠王二十二年（前655年），齐桓公邀请宋桓公、鲁僖公、陈宣公、卫文公、郑文公、许僖公、曹昭公在首止会盟，保住了周太子郑的储君之位。

第七次，兵车之会，宁母之盟。首止之盟后，郑文公背弃盟约，齐桓公随之讨伐郑国，郑文公两次战败，终于请降。齐桓公遂于前653年在宁母与郑、宋、鲁、陈等国举行会盟。

第八次，乘车之会，洮地之盟。齐桓公三十五年（公元前651年），周惠王驾崩，太子郑因畏惧惠后及王子带而秘不发丧，向齐桓公求援，齐桓公随之在洮地举行会盟，与宋、鲁、卫、陈、郑、曹、许等国相约，共同拥戴太子郑即位，即周襄王。

第九次，就是让齐桓公达到辉煌顶点的葵丘会盟。

或许，这就是齐桓公一张最引以为傲的履历表吧。

5 最后的霸业

取得霸主之位的齐桓公，在其去世前的最后几年，围绕他一直恪守的"尊王攘夷"大策，主要做了以下三件事：平定晋国之乱；平定王子带之乱；号令诸侯驱逐北戎，保护周王室。

等这三件事完成，齐桓公身为"霸主"的伟业，也就基本走到尽头了。

现在，让我们看一下齐桓公所做的这三件事——只有对齐桓公最为辉煌的时刻有了深刻理解，才能对他以及他的国家的最终结局有个深刻理解。

晋国之乱，始于骊姬。晋国君主晋献公曾攻打晋国附近的骊戎部落，骊戎首领为求自保，将自己的女儿送给晋国，即骊姬。晋献公宠爱骊姬，不顾群臣劝阻，立她为君夫人，后又生下儿子奚齐。后来，骊姬想立儿子奚齐为太子，但晋献公嫡长子申生已做太子多年，而且晋献公另外两个儿子夷吾和重耳都已长大成人。为了让自己的儿子顺利即位并永绝后患，心机颇深的骊姬撒下了自己的阴谋之网。

首先，骊姬贿赂晋献公身边的宠臣梁五和东关嬖五，让他们对晋献公这样说："曲沃是公族的发祥之地，蒲地和屈地是晋国的边疆，这三个地方十分重要，不能没有强有力的官员治理。宗邑曲沃没有强人治理，百姓就会失去敬畏之心；边疆没有强人治理，夷狄就会乘虚而入。此为国家之隐患，君上不可以不明察！若是让太子申生、公子重耳、公子夷吾分别管理这三地，一定能让百姓臣服，夷狄畏惧！进而彰显君上的丰功伟绩！"

晋献公听了认为很有道理，便让太子申生驻守曲沃，公子重耳驻守蒲城，公子夷吾驻守屈城。另外，其他诸公子也都被安排在远离国都的边境上，只有骊姬和她的儿子奚齐还安稳地住在国都。

将诸公子调离政治中心后，骊姬又寻到一个机会，骗太子申生说：你的君父梦到了你的生母齐姜，你应该去祭拜她。太子申生不疑有诈，去祭拜母亲，并将祭祀所用酒肉带回来送给晋献公。骊姬悄悄在酒肉中下毒，然后呈给打猎归来的晋献公。晋献公将要饮酒时，骊姬故意将酒洒到地上，地上立即鼓起一个土包。晋献公看到后起了疑心，让人牵来一条狗，让它吃掉一块肉，片刻，狗倒地而亡。晋献公又将肉拿给宫中的小臣吃，小臣也倒地而亡。晋献公确信酒肉被人下了毒，勃然大怒。

这时，骊姬哭哭啼啼道："这是太子申生送来的酒肉，他是想要害死君上啊！"

晋献公随即喝令捉拿太子申生。太子身边的大夫知道此事与太子无关，催促他逃离了国都。晋献公愤恨不已，杀死了太子申生的老师杜原款。

太子申生出逃后，跟随在身边的人劝他向国君申辩，一定要弄清是非并昭告天下。太子申生却说："我若申辩，骊姬一定会因此获罪。君父如果没有了骊姬，一定寝食难安。父亲老了，作为儿子，我不能让他失去晚年的欢乐！"

　　跟从者建议："那太子应该即刻逃亡国外！"

　　太子申生却又无奈地说："我背负着杀父弑君的恶名，天下诸侯之中，谁会接纳我呢？何若一死了之！"遂上吊自杀。

　　紧接着，骊姬又在晋献公身边狂吹枕边风，污蔑公子重耳和公子夷吾都知道太子申生的阴谋而不告发，是太子的同党。晋献公便又下令捉拿二位公子。二人急忙离开国都，分别逃到了自己的驻地蒲城和屈城。这时，骊姬又唆使晋献公攻打蒲城和屈城，公子重耳和公子夷吾又分别逃往白狄和梁国。

　　没多久，年老力衰的晋献公便生命垂危。临死前，他托孤于重臣荀息。晋献公死后，荀息按照晋献公的遗嘱，立年幼的公子奚齐为晋国国君。

　　晋国大夫里克见奚齐年幼，有意改立身在白狄的公子重耳，便发动政变杀掉了刚刚即位的国君奚齐。荀息知道晋献公生前的遗愿，又立骊姬的陪嫁妹妹所生的儿子悼子。里克不满，再次发动政变，又将悼子杀死，而荀息也死在动乱中。

　　在将骊姬一党一网打尽后，里克向公子重耳发出了请柬，但公子重耳担心有诈，对迎请加以推辞。

　　里克没办法又改为邀请公子夷吾归国即位。公子夷吾的亲随们认为，晋国之内还有其他公子，里克却向身在国外的公子夷吾发出邀请，贸然前去，只怕凶多吉少，不可不防。

　　公子夷吾便不敢贸然前往。这时，亲随们给他出了个主意：以河西之地贿赂秦国，以汾阳之邑贿赂里克，告诉他们，一旦即位就以两地作为报酬相送。

　　果然，觊觎晋国河西之地已久的秦穆公，立刻发兵护送公子夷吾回国。

这时，葵丘会盟已结束，齐桓公已经知道了晋国的动乱，派重臣隰朋率兵去晋国平乱。隰朋和护送公子夷吾的秦国人在晋国境内会合，然后共同扶立公子夷吾为国君，是为晋惠公。这时晋国动乱终于暂时告一段落。

紧接着，就是王子带之乱。

葵丘会盟后三年，一直不甘心被兄长周襄王夺去王位的王子带忽然发动叛乱。他联合北戎和白狄两个蛮族部落，冲进周王畿，围攻洛邑。晋国闻讯，发兵勤王，并将一部分戎、狄的兵力牵制在晋国战场。不久，齐桓公闻讯，也派管仲和隰朋出兵，和晋国一起勤王。

管仲和隰朋兵分两路，管仲进入周王畿，隰朋进入晋国境内，在周人、晋国人、齐国人协同作战下，王子带终告失败，管仲和隰朋分别与戎、狄进行谈判，达成协议，而后，戎、狄撤出了周王畿和晋国土地。

最后一件事，发生在齐桓公四十二年（前644年）。因北方遭遇自然灾害，缺少粮草，戎人大举进攻洛邑，周王室告急，周襄王向齐桓公求救。此时齐桓公已年老力衰，霸主也有了转移他人的迹象。不过，为了在他国面前展现自己的威风，他以霸主的身份号令天下诸侯勤王，各诸侯国纷纷响应，出兵戍守周王畿，致使戎人不敢进攻，不久便在华夏诸侯的威慑中溃退。

次年冬十月，霸主齐桓公在忧愤中离开人世。

第五章 霸主的湮没：一个时代的结束

1　夕阳晚照：重臣的离去

在齐桓公去世的前两年，发生了两件让齐桓公难以承受的事——重臣管仲和隰朋先后去世。

管仲其人，无疑是堪称典范的"王佐之资"。可以肯定的是，没有他，齐桓公就难以成就齐国的霸业。在齐桓公一生的争霸史上，管仲扮演的角色最为重要。正是在他的倡导和主持下，齐国进行了一系列涉及军事、农业、工商业、文化等方面的改革，从而让齐国实现了富国强兵的目的，最终奠定了齐桓公九合诸侯、一匡天下的基础。他的死，让齐桓公如失臂膀。

隰朋的死，也是齐桓公的痛。与大多数人印象中不同的是，因"管鲍之交"而为人熟知的鲍叔牙，其地位其实不如隰朋。如果说管仲主内，那么隰朋就是主外。辞令机智华美、善于待人接物的隰朋是出色的外交官，他不但帮助齐桓公处理好了与周天子和诸侯们的外交关系，还处理好了齐国政府与国内各强宗大族的关系，可以说是一个十分重要的关键人物。没有隰朋，就没有管仲施展作为的安定外部环境。

齐桓公四十二年（前644年），当齐桓公接到周天子的求援信时，他望着满朝贵族卿大夫，却不见了他的仲父和隰卿，这时的他

一定悲从中来——天下没有不散的筵席，我身边的人，正一个个离我
而去。

随着齐桓公取得的成就越来越大，晚年的他野心也越来越膨胀，
自然而然产生了骄傲甚至自负的心理。

葵丘会盟之后，齐桓公曾颇为慷慨激昂地说过这样一段话："寡
人南伐至召陵，望熊山；北伐山戎、离枝、孤竹；西伐大夏，涉流
沙；束马悬车登太行，至卑耳山而还。诸侯莫违寡人。寡人兵车之会
三，乘车之会六，九合诸侯，一匡天下！"[①]

这段话的大意是：我向南讨伐楚国到达召陵，向北讨伐了山戎、
离枝、孤竹诸国，向西征讨夷狄到达晋国。还曾登临太行山，最远到
达卑耳山。天下诸侯没有人敢违抗我的号令，一生之中，兵车之会
三，乘车之会六，九次会盟诸侯，一举匡扶天下！"

紧接着，齐桓公又对管仲说了这样一句话："昔三代受命，有何
以异于此乎？吾欲封泰山、禅梁父！"[②]这句话的意思是：当年，夏、
商、周的开国君主受命于天建立王朝，跟我现在的情况完全一样啊！
所以，我想去封泰山、禅梁父！

这句话十分要紧，如果说前面的话能表明齐桓公的"自信"，那
么，这句话就完全是他"自负"的表现。

封泰山、禅梁父就是在泰山祭天、在梁父山祭地。但这里面包
含的，不仅仅是一个在这两座山举行祭祀时风景好不好的问题，关键
是：封泰山、禅梁父是天子级别的帝王才能进行的祭祀。

---

① 《史记·齐太公世家》。
② 《史记·齐太公世家》。

也就是说，齐桓公想要去做只有周天子才能做的事。

这就足以证明，齐桓公对他所一直匡扶的周天子没有什么感情。也再一次证明，齐桓公所捍卫的，不是周天子的王位，而是华夏世界的秩序。

对于齐桓公在晚年产生的这种私心和野心，无论是从政治家的角度，还是个人的角度，都是可以理解的。

显而易见，齐桓公因"九合诸侯，一匡天下"而产生了傲慢心理。对于一个有血有肉的人来说，这是再平常、再正常不过的事。但很多时候，对于握有权势的人来说，骄傲心理的产生往往意味着危险的来临。历史上因骄傲而失败的例子比比皆是：袁绍败于官渡，苻坚败于淝水……

设想一下，如果没有管仲这种重量级的谋臣进行劝阻，那齐桓公很可能会去登泰山、禅梁父。接着，继戎、狄之后攻入洛邑，威逼周天子退位，再自立为新的天子……

这位霸主给我们的启示无疑是深刻的：即便是齐桓公这样具有人格魅力的君主，也不是可以完全信赖的。这是因为他是一个人，是一个"他者"。对于热衷于明君、清官、大侠崇拜的传统中国人来说，这多少有点"伤感情"。但事实就是如此。人不完美，也不全面，在涉及政治时，任何个人都不是可以完全信赖的。

管仲比齐桓公更清楚当时的形势和其中利害，他劝阻了齐桓公，齐桓公最终没有走登山封禅这一步臭棋。

可是，如果刘备也成了下一个"白脸"呢？

中国人心中的刘备还没"一匡天下"就死在了白帝城，而他的托孤重臣诸葛亮俨然又是一个刘备，并且他也早早地死在了五丈原。所以，关于上面这个问题，喜欢看戏的中国人找不到答案——他们从来不敢想也不愿想这样的问题。

历史上，从"红脸"成为"白脸"的人比比皆是，比如魏文帝曹丕、宋武帝刘裕……然而，有些人成为"白脸"成得比较成功，所以没人敢给他们画"白脸"，即便后世给他们画"白脸"也会被视为离经叛道之举。

中国人喜欢在历史中贴标签，标明哪个是好人、哪个是坏人。这是中国人表达自己政治观点和生命情感的一种方式，在表明自己的"态度"，代表了一种美好的愿望。

历史上，让中国人产生不满心理的时代有很多，但大部分中国人都"无可奈何"。于是，这些无奈的中国人便开始从各种明君、清官以及大侠的故事中寻找慰藉。可是找遍上下五千年，也仅有那么区区几个人站出来，发出过不同的声音，表达过不同的意见，但大都被当作疯子，窘迫地退出了历史舞台。

鲁迅先生笔下的"狂人"，就是这个疯子。翻遍浩如烟海的中国古籍，每一页上都密密麻麻地写满了两个字：道德。可当你细看，就会发现字里行间还藏着两个字：吃人。

没有制度，道德就是一纸空文；没有制度，道德就是工具和玩物。秦皇、汉武、唐宗、宋祖，这些牛气哄哄的大帝之所以提倡道德，是因为道德可以作为最好的遮羞布。它物美价廉，既能装点门面，又能最大限度地降低对权力的约束。西周时期没有出现春秋的问题，是因为在典型的西周封建制度下，各种权力得到了平衡；战国之所以出现了比春秋更激烈斗争的局面，是因为战国时代已经基本破坏掉了封建制度。在西周，道德尚是一剂良方；到了春秋，这剂良方开始失效；而到了战国，道德只剩下了一些药渣子。

而到了战国之后的漫长帝制时代，情况变得更糟，"药渣子"被许多人用了一遍又一遍，直到变得清汤寡水还乐此不疲。

与拥有"制度"的西方人相比，艰辛的中国人显然走了许多弯路。

其实，制度就是人的意志体现，但它自带诚信系统，就像在它形成时就打上了烙印。因而，从各方面来讲，都比它的创造者——人——更可靠，更值得信赖。或者可以这样说：在制度面前，人的信用不值一提。一个人的英明是一时的，而一种合理的制度可以是长久的。有合理的制度，就不用担心制度之内的人会产生齐桓公式的傲慢。因为他无论傲慢还是谦逊，都必须在制度之内进行运作，否则就会因犯规而被遗弃。

在倾向人治的情况下，人们必须仰赖"圣人"。但历史已经证明这是一种可笑的奢望，在面对权力的诱惑时，个体的人和群体的人都具有极大未知性，而制度具有长久性和稳定性，在这种情况下，就不需要仰赖"圣人"，只要教会人们如何使用机器，而机器只要一直顺利运转，这条生产线就能保持畅通，绝不会出现某一人一离开就天下大乱的情形。

没有将自己努力得来的成就制度化，从而取代周的礼乐教化，是齐桓公霸业断绝的原因，这个败笔的影响会在之后几年间显露出来。不过，话说回来，因制度没有形成而对齐桓公加以指责，对他是不公的。因为，在当时，历来不重视"制度"的华夏文明根本没有产生"制度"的土壤，不独齐桓公，所有的君主都是专制君主，所有的专制君主都在以个人魅力齐家治国平天下，他们从未想过将制度堂而皇之地摆上台面。

只可惜，唯一一个能对齐桓公起到决定性影响的管仲先他而去，齐桓公的人生随之步入一个低谷。

也是一个最后的低谷。

或者，用中国人更常用的一句话说就是：晚节不保。

2　　对你很好的小人

齐桓公晚年，身边多了三个人。

这三人，管仲死之前曾特别提及。

管仲病重，齐桓公前去探望，君臣二人推心置腹长谈。说着说着，就说到了管仲的身后事上，于是就有了下面这段历史上著名的"管仲论相"。

齐桓公问管仲："仲父过世之后，谁可接替你为国相？"

管仲却避开问题不回答，他似乎是想知道齐桓公的心意："没有比君主更了解臣子的——君上还用问我吗？"

齐桓公问："易牙如何？"

管仲说："易牙杀掉自己的儿子逢迎君上，此举违背人之常情，不可信任。"

齐桓公又问："开方如何？"

管仲回答："公子开方放弃千乘之国的储君不做而亲近君上，一定有比做一国之君更大的利益可图，不可接近。"

齐桓公又问："竖刁[①]如何？"

---

① 《左传》中有时也称貂。

管仲回答："竖刁以自宫来亲近君上，违背天理人情，不可亲近。"

齐桓公所举荐但被管仲一一驳回的这三个人，就是齐桓公晚年亲近的三个人：易牙、竖刁、公子开方。

易牙，名为雍巫，易牙是他的字，齐国彭城（今江苏徐州）人。他本出身寒微，但是身怀烹饪绝技。据说，他是中国历史上第一个有意识运用火候大小和五味调和来烹饪菜肴的厨师，也是中国第一个开私人菜馆的人。他对鲁菜菜系的影响巨大，在中国传统饮食历史上写下了浓墨重彩的一笔，历来被尊为厨师和餐饮业的祖师爷，并被抬高为"食神"。因为厨艺出众，易牙专门负责齐桓公的日常膳食。

人在年老的时候容易没胃口，齐桓公就常常有这样的困扰。但易牙高超的烹饪手艺成功地为他免除了这一忧虑。因为易牙的出现，齐桓公再也不用担心自己的饮食，对这个御用厨师，垂垂老矣的春秋霸主十分满意。

但是，真正让齐桓公对易牙达到"宠信"这个程度的，是一次让人毛骨悚然的事件。

一次用膳后，齐桓公闲极无聊，轻轻拍着肚腹慢悠悠地说："寡人足迹遍及四海，天下的山珍海味都吃过了。之前听说幼儿的肉十分甘美，寡人却没吃过，当真是可惜啊！"

次日用膳时，易牙恭恭敬敬地端上一道菜。齐桓公先是闻到扑鼻的香味，而后看到食盒中切得细细的肉块，不知道是什么肉。他好奇地吃了一口，只觉鲜美异常，口有余香。遂问易牙："这是什么肉？"

易牙毕恭毕敬地轻描淡写："君上吃的，是我那四岁的儿子。"

估计齐桓公当时都要吐了。但随即他就因此大为感动：易牙竟杀掉自己儿子来侍奉寡人，足见他爱寡人胜过爱他的儿子呀！天下还有比这更忠心的臣子吗？

从此，齐桓公更加宠信易牙，简直到了易牙不在就不进食的地步。

竖刁，又作"竖刀"，是齐国公宫的宦官。在春秋时代，宦官又称"内小臣"或者"小臣"，是国君的家奴，负责料理国君的饮食起居。不过，与人们对后世宦官印象不同的是，先秦乃至西汉的宦官，都只有一个单纯的宫廷奴仆的身份，与生理上是否进行过阉割无关。直到东汉，中原汉人才将宦官制度严格化并对其进行阉割。后来，竖刁成了寺人（即宦官的首领），主要负责管理君主的宦官小臣和后宫姬妾。

竖刁在刚进入齐桓公的后宫工作时，尚是一个发育健全的男子。但是，为了不让齐桓公对自己产生任何怀疑，便手起刀落，割掉了自己的命根子，也就是说他成为严格意义上的"太监"。

齐桓公见竖刁竟然为了免除自己的疑虑而自宫，认为竖刁爱他胜过爱自己的身体，大为感动，遂将这个宫廷家仆看作值得信赖的忠心之人。

竖刁油嘴滑舌，还特别善于揣度别人心意。他说话净拣齐桓公喜欢的说，做事总拣齐桓公喜欢的做，奴颜婢膝，曲意逢迎，已是古稀之年的齐桓公常能在竖刁这里得到意想不到的欢乐。对于一个风烛残年的老人来说，似乎没有比这更能让人感到欣慰的了。因此，齐桓公对竖刁越来越宠信。

开方，本为"启方"，西汉时为避汉景帝刘启之讳而改为"开方"，《史记》称呼为"公子开方"。这位"公子开方"的身份一直扑朔迷离，很多学者都认为这个人就是卫文公，因为史书记载卫文公最初的名字就是"开方"，后来才改名为"毁"。

齐桓公晚年时，他的身边绝对不止竖刁和易牙这两个小人，其实贪恋齐桓公权势的人非常之多。他们有的出身低贱，有的出身高贵。而像"公子开方"这样的人物，或可视为寄居齐国的流亡贵族公子的一个代表，因为各种原因，这些落魄贵族不为自己的祖国所容纳，被迫出逃，他们或是看中了齐桓公的权势，或是看中了齐桓公的其他什么东西，纷纷投到他麾下寻求庇护，并希望借齐桓公之手为自己攫取更多利益，比如归国夺得君位。

在这些流亡公子中，一个广为人知的例子是陈国公子陈完。此前，陈国发生内乱，陈国贵族杀掉了太子御寇。公子完和太子御寇关系亲密，因担心殃及池鱼，便带着家眷逃到齐国避难。齐桓公喜迎天下宾客，接纳了这位流亡公子并给予很高待遇，一度要拜其为上卿。但陈完谨小慎微，为免树大招风，坚决地推辞这一任命，只恳求齐桓公让自己担任一个中等级别的官职工正，并被封到田这个地方。随后他以封地为氏，所以又称田完，他也正是战国初取代吕氏成为齐国君主的田和的祖先（即"田氏代齐"）。

放到现在，无论是在文学作品还是影视作品中，但凡一出现竖刁和易牙这样"舍己为人"的人，我们一定会有所警觉：这人绝对不是好东西！以齐桓公的政治觉悟，他理应能想到这一点。但问题是，此时齐桓公已垂垂老矣，他的眼睛已经昏花、语言已经凌乱、思维已经迟钝，这位春秋第一霸主和任何一位普普通通的老人一样，在岁月的流淌中失去了往日神采。他甚至已经没有能力明辨是非，他喜欢的不是刚正不阿的逆耳忠言，而是伶牙俐齿的阿谀奉承。因此，易牙、竖刁、公子开方之流才得以顺利进入公宫，在齐桓公身边作威作福，享受着这种不可一世的狐假虎威。

而管仲明白但齐桓公没有想到的一点是：通常情况下，没有任何人会平白无故地对一个人好。

一个人越是变态地对你好，就越是对你有变态的要求。易牙、竖刁、公子开方等人，贪图的正是齐桓公手中的权力。如果说曹操是挟天子以令诸侯，那么易牙、竖刁、公子开方无疑是想要挟霸主齐桓公以令天下。

而且，对于可以做出自宫、杀子这种让自己断子绝孙的丧心病狂举动的人来说，他们会不惜动用一切手段来达到自己的目的，他们不会顾忌任何舆论，包括他们所侍奉的君主当年极力提倡的"国之四维"。

管仲去世后，齐桓公开始还听话地将竖刁、易牙、公子开方赶出齐国公宫。但没多久这位霸主就撑不住了，因为这三人已经成为他生活的一部分，不能割舍。没有易牙，他吃不香；没有竖刁，他睡不香；没有公子开方，他闷闷不乐……齐桓公年老力衰，正在一步步靠近死亡，已经经不起这种折磨，很快便迫不及待地又将三人召回自己身边。

曾经高举"礼义廉耻"大旗的齐国，即将做出践踏道德的无耻之举，不知天下的诸侯们会作何感想？

3   齐国之乱：未曾想过的结局

齐桓公四十三年（前 643 年），一代霸主齐桓公雄风不再，因疾病加重而卧床不起。而如今管仲已死，国相之位空缺，无人辖制权臣，掌管宫廷事务的竖刁趁机控制公宫，联合易牙，取得了宫廷武装力量的领导权。他们将病重的齐桓公囚禁在公宫的一处角落里，并在院中垒砌高大的墙体，严格控制人员出入。

齐桓公一共有十几个儿子，其中有七个儿子去了楚国并出仕，远在他乡。还有六个儿子留在齐国，这六人分别是：姜室长卫姬所生公子无诡[①]，少卫姬所生公子元，郑姬所生公子昭，葛嬴所生公子潘，密姬所生公子商人，宋华子所生公子雍。齐桓公曾先后有正妻王姬、徐姬、蔡姬三人，但是都没有为他生下儿子，所以齐桓公无嫡子。考量之下，齐桓公和管仲立公子昭为太子，并嘱托他值得信赖的朋友宋襄公对太子昭予以照应。

易牙和齐桓公的姜室长卫姬的关系很好，所以他曾劝说齐桓公立长卫姬所生公子无诡为太子，齐桓公在口头上答应了，但随后便不了了之，长卫姬和易牙因此而怨恨齐桓公。

---

①   《左传》上为公子无亏。——编者注

齐国诸公子在听闻齐桓公病重后，纷纷来到公宫门前，请求见君父一面。已控制了公宫的竖刁和易牙当然不会让这些公子与他们的父亲见面。为了最大限度地攫取政治利益，他们需要这些公子们自相残杀。于是，他们矫传齐桓公的命令：拒不接见。

诸公子求见君父不得，遂陷入恐慌之中。因为他们既不知道君父病势如何，也不知道君父将会立谁为储君，更不知道其他兄弟会在何时对自己下手。诸公子人心不稳，互相猜忌。为求自保，他们开始拉拢各方势力，树立党羽，筹备夺权。没多久，战斗就爆发了，他们大打出手，各自带领家兵部曲对兄弟们进行攻伐——城南是公子无诡打公子潘，城北是公子雍打公子商人，城东是公子雍打公子昭……临淄城内一片喧嚣，已经多年没有经历战乱的齐国人哪里看过这种情形？一个个茫然无措。

或许，他们已经预感到，齐国即将迎来一场腥风血雨。

竖刁和易牙将齐桓公死死地禁闭在公宫的深处。或许是出于报复心理，两个人经常不给齐桓公饮食，用饥饿来折磨他的带病之身，以至于他的身体越来越虚弱，经常陷入濒死状态。

终于，这一年的冬十月，齐桓公在饥饿、病痛、悔恨中离开了人世。

而在咽下最后一口气之前，齐桓公用尽力气，做了这样一个动作：拉起衣袖，遮住自己的脸。估计他心里想的是：仲父啊，寡人不听你良言相告，以致落得今日这个下场，寡人还有何脸面见你于黄泉之下呢？

如果真能黄泉相遇，齐桓公和管仲之间，不知会有怎样一场对话。

君父已死，诸公子仍斗得你死我活。临淄城内到处都有巷战，随时都可能被占领的公宫已成一座空城，内官和公女早就四散逃离，没有人关注齐桓公，没有人为他装殓下葬，他早已僵硬的尸体躺在冰冷的地上，无人问津。

这场齐国诸公子的内斗持续了几个月，最终结果正是竖刁和易牙想看到的"六败俱伤"——六公子的争斗削弱了公族的力量。出其不意地，两个奸佞忽然发难，下令曾属于齐桓公的军队大肆诛杀诸卿大夫，然后他们立素来相好的长卫姬之子公子无诡为齐国国君。

已是齐国国君的无诡进入公宫，找到了君父的尸体。这时距离齐桓公离世已经六十七天，尸体早就臭不可闻，甚至院子里都爬满了从他身上钻出来的蛆虫。无诡号啕大哭一场，草草装殓。

太子昭知道以自己的身份，竖刁和公子无诡一党不会放过他。忧惧中，他想起了宋国君主兹甫，君父和管国相曾将他托付给这位素有仁义之名的宋襄公。于是，太子昭带着亲兵离开临淄，逃往宋国，见到了身负托孤之重的宋襄公。

宋襄公，前面已经讲过这位讲究"仁义"的春秋贵族的光荣事迹，齐桓公和管仲何等慧眼？既然将太子托付给宋襄公，就足以说明宋襄公的为人。

宋襄公看到狼狈的太子昭，表示将遵从齐桓公的遗愿，将太子昭扶上原本就属于他的君位。

接着，宋襄公开始在各方活动。作为齐桓公生前最亲密的盟友，宋襄公俨然以"齐桓公第二"自居。此前，他便预见到齐国大势已去，遂想重拾霸主旗帜，便以平定齐国内乱为由而号令诸侯。可是，大国诸侯们并不买小小宋国的账，只有卫、曹、邾三个小国响应宋襄公的号召，勉勉强强地组成了一个四国联盟。

三月，宋襄公率四国联军进攻齐国，要求齐君无诡退位。

易牙和竖刁率军与诸侯联军交战，并逼迫齐国宗室元老——高傒率军参战。

高傒老谋深算，面对二人胁迫，采取缓兵之计，阳奉阴违，装模作样地带人马响应号召。易牙亲自在城墙上指挥战斗，只留竖刁一人在城下。高傒见机，谎称有事商量，竖刁信以为真，便跟着高傒去了，然后被埋伏的高氏手下武士刺死。而后，高傒率军杀入公宫，处死了在位仅三个月的国君无诡。

宋襄公将太子昭交给高氏、国氏等齐国重臣，殷勤嘱咐务必要让太子昭即位，高氏和国氏答应了，宋襄公便离去了。

但是，其余的四公子仍不死心，宋襄公一走，太子昭还未即位，他们便联合起来攻打太子昭。高氏、国氏不能制止。

太子昭再次逃往宋国向宋襄公求救。宋襄公不得已再次号召卫、曹、邾三国组建四国联盟，挥师东进齐国，与齐国四公子交战。五月，四公子战败，纷纷逃亡。而后，在宋襄公支持下，太子昭即位，是为齐孝公。

八月，等齐国君主和贵族们把自己手头上的事务都忙完了，这才忽然想起已被装殓好的齐桓公。最后，还是由齐孝公哭哭啼啼地将君父葬在临淄城外牛山。——没有黄泉、没有天堂，这座海拔并不高的小山丘，成了春秋第一霸主的最后归宿。

4   春秋未完：一大波霸主正在赶来

齐桓公死后，骄傲了近半个世纪的齐国人黯然神伤了。

霸主已经死去，齐国"霸主之国"的地位开始动摇，齐桓公的霸业开始凋零，属于他的时代已经过去了。

齐桓公违背嫡长子继承制的传统，没有立庶长子无诡而是立公子昭，这让华夏诸侯纷纷侧目：说好的君位传承有序呢？这一事件让齐桓公和齐国在国际上的声誉大大降低。

而齐桓公的继任者齐孝公吕昭，也没有父亲齐桓公那样的眼光和气度。当华夏的诸侯开始对齐国产生怀疑时，他却迫不及待地以武力显示自己的强势，妄图借此保住齐国的荣耀。齐桓公死后，想要重拾齐桓公"尊王攘夷"大旗的宋襄公，亦开始了其艰辛争霸之旅，这让齐孝公如芒在背。齐孝公六年（前637年），齐孝公以宋国不与齐国结盟为由，出兵攻打曾经的保护人。宋、齐两国遂交恶。

齐孝公忘恩负义的举动让天下人侧目。因为只想获得权力带来的快感而不去履行应尽的义务，这不是齐桓公的态度和做法，在诸侯看来，齐国和齐国君主已经不再是天下诸侯的楷模。

当齐孝公为争夺霸主之位忙得不可开交时，其实霸主的荣耀已经悄悄地离开了齐国。齐桓公的争霸为诸侯提供了一次生动的示范，也开启了一种全新的"大国崛起"的模式——既然不能做天子，那就做一个号令天下群雄的霸主吧！

诸侯们是这么想的，也是这么做的。齐桓公死后，华夏诸侯开始为霸主之位而积极征战：地处中原腹地的宋国跃跃欲试，江汉流域的楚国又开始抬头，偏居西北的秦国也想分一杯羹，地处北疆的晋国绝不会作壁上观……齐国和宋国交战后不久，即爆发了宋楚之间旨在争夺霸主之位的"泓水之战"。这一战中宋国战败，宋襄公因伤势过重而去世。楚成王则意欲进取北方，制霸中原，楚国雄兵在汉水之北耀武扬威，中原诸侯惊惧。或许，这个时候，人们会怀念一下已经化作冢中枯骨的齐桓公吧！

而此时的齐国在做什么呢？

齐孝公十年，齐孝公去世，其子即位。不久，齐孝公之弟公子潘联合公子开方，杀掉了自己的侄子，夺得君位，即为齐昭公。兄弟阋于墙，君位不正。齐国霸业业已不再。

作为一个现代人，我也曾深深怀念齐桓公以及他那个悲壮的时代。

齐桓公的霸业已经成为历史，他和他所处的时代，也许可以成为中国人剖析本民族特质的一个重要依据。从秦汉算起，一直到近代，中国人从未停止思考，思考自己的过去、现在、未来。

有人认为，中华文明是一种"经验文明"，文明的内容都以"经验"的方式传承。因为父亲会把经验毫无保留地传承给儿子，老师会把经验事无巨细地交代给学生，中国人因此产生了一种特殊的人际关系形态：父子是师生，师生是父子。

西周奠定了中华文明的基础，并延续了三千年之久。西方人说中国人给他们的一个深刻印象是崇拜祖先，并且对这种崇拜感到奇怪。其实大可不必。如果西方人有这么牛的祖先，一定也会产生这种在他们看来十分奇怪的崇拜。

在这种对祖先的依赖和信仰中，中国人形成了以史为鉴甚至以史为纲的民族心理，前车之覆可为后车之鉴，中国的治国者一旦遇到难题就可以在史书中寻找到解决方案。

由此看来，师法古人正是中国人能在数千年来延续至今的一个重要原因。

那么，齐桓公为什么要争霸？因为野心，也因为良知。他既不是伪君子，更不是真小人。他不避讳谈耻辱，更不拒绝取得荣耀。他为齐国而奋斗，也为华夏文化圈内的同胞而奋斗，他在巨大的命运之手推动下完成自己的历史责任。从他身处的春秋时代的哲学来说，反映出的是一种被中国人称为"道"的东西。

齐桓公为什么能争霸成功？因为他懂得如何更有效地运用权力。齐桓公继承和利用了先民构建的文明体系，珍视本国及华夏文化圈内的历史积淀和文化底蕴，然后在此基础上获取了政治权力。他在享受这些权力的同时，并未忘记履行权力范围之内的责任，并因此获取了更多权力。这反映的是一种"术"的东西。

当然，齐桓公的死不是终结，在春秋这段富有传奇色彩的历史里，一位霸主的离去，只不过预示着另一个高潮的来临。齐桓公死后七年，流亡在外的晋公子重耳回国即位，是为晋文公。四年后，晋与楚交锋，晋人退避三舍，诱敌深入，于城濮大败楚军。同年，晋文公于践土（今河南原阳县西南）会盟诸侯，被周襄王认定为霸主，由此开启了晋国长达百余年的霸业。而在之后的激荡风云中，又相继诞生了秦穆公、楚庄王、越王勾践等霸主级人物。对我而言，印象最深刻的是齐桓公，因为他是春秋霸主的开创者。